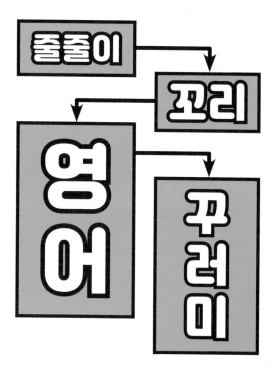

줄줄이 꼬리 영어 꾸러미

저 자 배현

발행인 고본화

발 행 반석출판사

2023년 1월 15일 초판 1쇄 인쇄

2023년 1월 20일 초판 1쇄 발행

홈페이지 www.bansok.co.kr

이메일 bansok@bansok.co.kr

블로그 blog.naver.com/bansokbooks

07547 서울시 강서구 양천로 583. B동 1007호

(서울시 강서구 염창동 240-21번지 우림블루나인 비즈니스센터 B동 1007호)

대표전화 02) 2093-3399 **팩 스** 02) 2093-3393

출 판 부 02) 2093-3395 **영업부** 02) 2093-3396

등록번호 제315-2008-000033호

ISBN 978-89-7172-965-6 (13740)

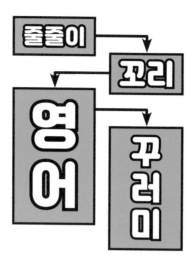

줄줄이

꼬리

영어

꾸러미

반석출판사
Bansok

외국어 학습은 단어 싸움이라는 말이 있습니다. 외국어를 처음 배울 때는 기본적인 문법과 구조를 익히는데 집중하지만 기본적인 체계를 잡은 후에는 단어를 외우는 것이 가장 중요합니다. 단어를 외운다는 것은 단어를 보고 이해하는 것도 의미하지만 말하고 쓰는 것도 포함합니다. 원어민들이 평소에 쓰는 단어가 약 5,000개 밖에 되지 않는다고 합니다. 5,000개의 단어만 자유자재로 쓸 수 있으면 원어민들이 하는 말을 이해하고 대화를 할 수 있다는 말입니다. 그렇다면 어떻게 하면 단어를 쉽고 재미있게 외울 수 있을까요? 가장 중요한 것은 단어에 익숙해지는 것입니다. 그 단어가 사용되는 장소와 시간에 많이 노출되어야 하고 자신이 직접 그 단어를 사용해 보아야 합니다. 아쉽게도 그런 환경에 속해 있지 않다면 많은 시간과 노력이 필요합니다. 이에 부담을 조금이나마 덜 수 있도록 잘 알고 있는 외래어나 기본 영어 단어들 그리고 단어의 어원을 활용하여 필수 어휘들이 줄줄이 꼬리에 꼬리를 물고 학습될 수 있게 했습니다. 어휘가 어떻게 형성되는지 잘 알아두면 뜻을 모르는 경우에도 그 개념을 확장하여 의미를 유추해 볼 수 있습니다. 이 책은 이렇게 평소 사용하는 영어와 그것의 뿌리를 이용해서 한국 영어 학습자들이 영어 단어를 더욱 쉽고 빠르게 익힐 수 있도록 만들어졌습니다. 100개의 기본 영어 단어와 어원을 활용하여 총 1,000개의 어휘를 줄줄이 학습합니다. 그리고 어휘와 관련된 문장이 꼬리를 물고 이어집니다. 정형화된 방식이 아니라 자신의 학습 스타일에 맞게 내용을 연결 지어 가며 학습할 수 있습니다. 이 책을 사용하는 모든 사람들이 더욱 더 재미있게 영어를 공부하기 바랍니다.

저자 배현

목차

저자소개

- 現) 위스콘신매디슨대학교 SLA연구소 연구원으로 활동 중
- 위스콘신매디슨대학교 언어학 박사과정 진행 중
- 前) 중국 연변과학기술대학교 영어과 졸업
- 영국 에든버러대학교 언어교육과 졸업
- 자유기독학교 영어, 중국어 교사
- 코너스톤 어학원 영어 강사
- Tomedes 번역가 활동
- 도서 해피타임 번역

- **주요저서**
  『369 일상영어 완전정복』(반석출판사)
  『왕초보 영어 회화 급상승』(반석출판사)
  『3박 4일 출장 비즈니스 영어』(반석출판사)
  『즉석 비즈니스 영어 회화』(반석출판사)

이 책의 특징

"단어 하나로 다른 단어와 문장이 줄줄이 이어진다."
"머릿속에서 단어와 문장이 꼬리에 꼬리를 물고 떠오르는 신개념 영어 학습법!"

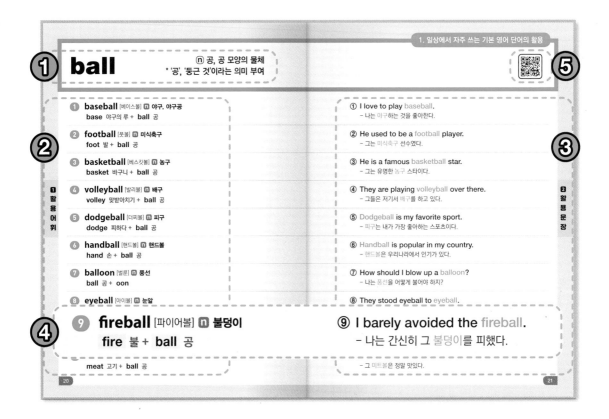

❶ 표제어와 표제어의 뜻, 그리고 표제어가 단어에 어떤 의미를 부여하는지 설명했습니다.

❷ 표제어를 활용한 어휘 10개를 줄줄이 제시했습니다. 어휘의 품사, 뜻과 함께 표제어가 어떤 식으로 활용되어 어휘를 구성하고 있는지, 어떤 의미를 부여하는지를 보여주는 공식을 한번에 학습할 수 있도록 제시했습니다.

❸ 어휘를 활용한 문장을 바로 옆 페이지에 줄줄이 제시했습니다. 배운 어휘는 별도의 색으로 표시하여 문상 안에서 어떻게 사용되는지 한눈에 파악할 수 있습니다.

❹ 학습할 때는 왼쪽 페이지의 활용 어휘를 본 다음 오른쪽 페이지의 활용 문장을 확인하면 됩니다. 이렇게 각각의 어휘와 문장을 순서대로 짝지어서 학습할 수 있습니다.

❺ QR코드를 통해 어휘와 문장을 원어민의 발음으로 들을 수 있습니다.

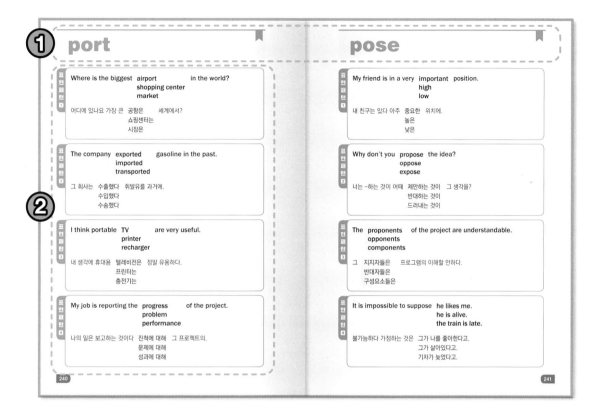

① **port**

표현패턴❶
Where is the biggest airport   in the world?
                         shopping center
                         market

어디에 있나요 가장 큰 공항은   세계에서?
                       쇼핑센터는
                       시장은

표현패턴❷
The company exported   gasoline in the past.
                imported
                transported

그 회사는 수출했다 휘발유를 과거에.
           수입했다
           수송했다

표현패턴❸
I think portable TV   are very useful.
               printer
               recharger

내 생각에 휴대용 텔레비전은   정말 유용하다.
                 프린터는
                 충전기는

표현패턴❹
My job is reporting the progress   of the project.
                      problem
                      performance

나의 일은 보고하는 것이다 진척에 대해 그 프로젝트의.
                          문제에 대해
                          성과에 대해

240

pose

표현패턴❶
My friend is in a very important   position.
                        high
                        low

내 친구는 있다 아주 중요한 위치에.
               높은
               낮은

표현패턴❷
Why don't you propose the idea?
              oppose
              expose

너는 ~하는 것이 어때 제안하는 것이   그 생각을?
                     반대하는 것이
                       드러내는 것이

표현패턴❸
The proponents   of the project are understandable.
      opponents
      components

그 지지자들은   프로그램의 이해할 만하다.
      반대자들은
      구성요소들은

표현패턴❹
It is impossible to suppose he likes me.
                    he is alive.
                    the train is late.

불가능하다 가정하는 것은 그가 나를 좋아한다고.
                       그가 살아있다고.
                       기차가 늦었다고.

241

① Part1의 표제어들과 동일한 순서로 구성했습니다. 앞에서 배운 내용과 연결하여 학습할 수 있습니다.

② Part1의 어휘들을 활용한 표현 패턴을 줄줄이 제시했습니다. 표제어와 관련된 어휘가 어디에 쓰였는지 확인하면서 문장으로 복습할 수 있습니다. 패턴 안에 넣을 수 있는 어휘나 표현들을 여러 개 제시하여 다양한 문장을 완성해 보는 심화 학습도 가능합니다.

반석출판사 홈페이지(www.bansok.co.kr)에서 mp3 파일을 무료로 다운로드 할 수 있습니다.

1 Part

줄줄이 꼬리
영어 어휘

able

① likeable [라이커블] **a** 좋아할 수 있는, 마음에 드는
like 좋아하다 + able ~할 수 있는

② lovable [러버블] **a** 사랑할 수 있는, 사랑스러운
love 사랑하다 + able ~할 수 있는

③ unbelievable [언빌리버블] **a** 믿을 수 없는, 놀라운
un 부정 + believe 믿다 + able ~할 수 있는

④ manageable [매니저블] **a** 관리할 수 있는, 감당할 수 있는
manage 관리하다 + able ~할 수 있는

⑤ reliable [릴라이어블] **a** 신뢰할 수 있는
rely 신뢰하다 + able ~할 수 있는

⑥ noticeable [노티써블] **a** 알아챌 수 있는, 분명한
notice 알아채다 + able ~할 수 있는

⑦ payable [페이어블] **a** 지불할 수 있는
pay 지불하다 + able ~할 수 있는

⑧ peaceable [피써블] **a** 평화로울 수 있는, 평화적인
peace 평화 + able ~할 수 있는

⑨ preferable [프레퍼러블] **a** 더 나을 수 있는, 선호하는
prefer 선호하다 + able ~할 수 있는

⑩ suitable [수터블] **a** 맞을 수 있는, 적합한
suit 맞다, 편리하다 + able ~할 수 있는

① **She is a likable person.**
   – 그녀는 좋아할 수 있는 사람입니다.

② **What a lovable person he is!**
   – 그는 정말 사랑스러운 사람이구나!

③ **It is unbelievable that they passed.**
   – 그들이 통과한 것은 놀랍다.

④ **Standing at the alter is manageable.**
   – 제단에 서는 것은 감당할 만하다.

⑤ **Our boss is a reliable person.**
   – 우리 상사는 신뢰할 수 있는 사람이다.

⑥ **He is noticeable as he is wearing a red hat.**
   – 그는 빨간 모자를 써서 알아챌 수 있다.

⑦ **This car is not payable at all.**
   – 이 차는 전혀 지불할 수 없다.

⑧ **I want to have a peaceable community.**
   – 나는 평화적인 공동체를 갖고 싶다.

⑨ **It is preferable for me to stay here.**
   – 나는 이곳에 머무는 것을 선호한다.

⑩ **It is not suitable to sleep here.**
   – 이곳에서 자는 것은 적합하지 않다.

❷ 활용 문장

act

ⓝ 행동 ⓥ 행동을 취하다, 연기하다
* '행동(하다)', '연기(하다)'라는 의미 부여

① 활용어휘

1 **actor** [액터] ⓝ 연기자
act 연기하다 + or

2 **actress** [액트리스] ⓝ 여배우
actor 연기자 + ess

3 **acting** [액팅] ⓝ 연기
act 연기하다 + ing

4 **active** [액티브] ⓐ 활동적인
act 행동 + ive

5 **actively** [액티블리] ⓐⓓ 활동적으로
active 활동적인 + ly

6 **activity** [액티비티] ⓝ 활동, 움직임
active 활동적인 + ity

7 **activate** [액티베이트] ⓥ 작동시키다
act 행동 + ivate

8 **react** [리액트] ⓥ 반응하다
re 다시 + act 행동하다

9 **reaction** [리액션] ⓝ 반응
react 반응하다 + ion

10 **enact** [인액트] ⓥ (법을) 제정하다, 상연하다
en 만들다 + act 행동

① He is my favorite actor.
- 그는 내가 정말 좋아하는 배우이다.

② The actress attracted everyone.
- 그 여배우는 모두를 매혹시켰다.

③ His acting is outstanding.
- 그의 연기는 걸출하다.

④ My son is not as active as your son.
- 내 아들은 당신 아들만큼 활동적이지 않다.

⑤ Please look for a job actively.
- 제발 활동적으로 일을 찾아라.

⑥ This is our school activity.
- 이것은 우리 학교 활동이다.

⑦ I will not activate this robot.
- 나는 이 로봇을 작동시키지 않을 거야.

⑧ I am sorry for reacting late.
- 늦게 반응해서 미안합니다.

⑨ His reaction surprised me.
- 그의 반응은 나를 놀라게 했다.

⑩ He will enact laws against privacy.
- 그는 사생활을 반하는 법을 제정할 것이다.

2 활용 문장

anti

ⓝ 안티, 반대하는 사람 ⓐ 반대하는
* '반대하는'이라는 의미 부여

① antibody [안티바디] ⓝ 항체
anti 반대하는 + body 몸 → '몸에서 반대하는 것'

② antivirus [안티바이러스] ⓐ 바이러스를 퇴치하는
anti 반대하는 + virus 바이러스

③ antiwar [안티워] ⓐ 전쟁을 반대하는
anti 반대하는 + war 전쟁

④ antinoise [안티노이즈] ⓐ 소음(잡음)방지의
anti 반대하는 + noise 소음

⑤ antihero [안티히어로] ⓝ 영웅답지 않은 주인공
anti 반대하는 + hero 영웅

⑥ antinuclear [안티뉴클리어] ⓐ 핵 에너지 사용에 반대하는, 원자력 발전에 반대하는
anti 반대하는 + nuclear 원자력의

⑦ antismoking [안티스모킹] ⓐ 금연의, 흡연을 반대하는
anti 반대하는 + smoking 흡연

⑧ antipollution [안티폴루션] ⓐ 공해 방지의
anti 반대하는 + pollution 공해

⑨ antisocial [안티소셜] ⓐ 반사회적인, 사교적이지 않은
anti 반대하는 + social 사회적인

⑩ antipathy [안티퍼시] ⓝ 반감
anti 반대하는 + pathy 감정

① **Do you know that** antibody **is Y-shaped?**
　　– 너는 항체가 Y자 모양인 것을 아니?

② **An** antivirus **software is needed.**
　　– 바이러스 퇴치 소프트웨어가 필요하다.

③ Antiwar **movements are social movements.**
　　– 전쟁 반대 운동은 사회 운동이다.

④ **I bought an** antinoise **microphone.**
　　– 나는 잡음방지 마이크를 샀다.

⑤ **He used to be an alcoholic** antihero.
　　– 그는 알코올 중독의 영웅답지 않은 주인공이었다.

⑥ **I was engaged in an** antinuclear **movement.**
　　– 나는 반핵 운동에 가담했었다.

⑦ **We are doing an** antismoking **education.**
　　– 우리는 금연 교육을 하고 있다.

⑧ **He will enforce an** antipollution **policy.**
　　– 그는 공해 방지 정책을 시행할 것이다.

⑨ **Riots are** antisocial.
　　– 폭동은 반사회적이다.

⑩ Antipathy **towards the policy is growing.**
　　– 그 정책에 대한 반감이 커지고 있다.

2 활용 문장

any

전체 중에 하나, 각각의
* '정해지지 않은 하나의'라는 의미 부여

❶ 활용 어휘

❶ anything [애니띵] **무엇, 아무것, 무엇이든, 중요한 것**
any 정해지지 않은 하나의 + **thing** 것

❷ anywhere [애니웨얼] ad **어디에, 어디든, 아무데나**
any 정해지지 않은 하나의 + **where** 어디

❸ anyway [애니웨이] ad **게다가, 그런데, 어쨌든, 하여튼**
any 정해지지 않은 하나의 + **way** 방법

❹ anyone [애니원] **누구, 아무, 누구나, 중요한 인물**
any 정해지지 않은 하나의 + **one** 사람

❺ anybody [애니바디] **(긍정문) 누구든지, 아무라도, 아무나, (부정문) 아무도**
any 정해지지 않은 하나의 + **body** 몸

❻ anyhow [애니하우] **되는대로, 아무렇게나**
any 정해지지 않은 하나의 + **how** 방법

❼ anytime [애니타임] **언제든지, 언제나, 반드시, 예외 없이**
any 정해지지 않은 하나의 + **time** 시간

❽ anymore [애니모어] **이제, 더 이상**
any 정해지지 않은 하나의 + **more** 더

❾ anyhoo [애니후] **그건 그렇고 〈속어〉**
any 정해지지 않은 하나의 + **hoo**

❿ anywise [애니와이즈] **어떻게든지 〈문어〉**
any 정해지지 않은 하나의 + **wise** 방식

16

① I can eat anything.
  – 나는 무엇이든 먹을 수 있다.

② He used to sleep anywhere.
  – 그는 어디서나 자곤 했다.

③ Anyway, I am going to take off.
  – 어쨌든, 나는 떠날 것이다.

④ Anyone can apply for the job.
  – 누구든지 그 일에 지원할 수 있다.

⑤ There wasn't anybody to stop him.
  – 그를 막을 사람은 아무도 없었다.

⑥ She does the work anyhow.
  – 그녀는 그 일을 되는대로 한다.

⑦ You can call me anytime.
  – 너는 언제든지 나를 부를 수 있다.

⑧ I can't do it anymore.
  – 나는 더 이상 그것을 할 수 없다.

⑨ Anyhoo, he just left.
  – 그건 그렇고 그는 방금 떠났다.

⑩ They couldn't finish eating it anywise.
  – 그들은 어떻게 해도 그것을 먹는 것을 끝내지 못했다.

2 활용 문장

auto

ⓝ 자동차 ⓐ 스스로 하는
* '스스로'라는 의미 부여

① automobile [오토모빌] ⓝ 자동차
auto 스스로 + mobile 이동하는

② automatic [오토매틱] ⓐ 자동의. 무의식적으로 나오는
auto 스스로 + matic

③ automate [오토메잇] ⓥ 자동화하다
auto 스스로 + mate

④ autofocus [오토포커스] ⓝ 자동 초점
auto 스스로 + focus 초점

⑤ autobiography [오토바이오그래피] ⓝ 자서전
auto 스스로 + biography 전기

⑥ autograph [오토그래프] ⓝ 사인 ⓥ 사인해주다
auto 스스로 + graph 그래프

⑦ autohypnosis [오토힙노시스] ⓝ 자기 최면
auto 스스로 + hypnosis 최면

⑧ autotransfusion [오토트랜스퓨전] ⓝ 자가 수혈
auto 스스로 + transfusion 수혈

⑨ autocracy [오토크러시] ⓝ 독재 정치
auto 스스로 + cracy 정부, 통치

⑩ autonomy [오토노미] ⓝ 자치권
auto 스스로 + nomy ~학, ~법

① Car rentals rent automobiles.
자동차 대여회사는 자동차를 대여한다.

② I prefer to use an automatic car wash.
– 나는 자동 세차기를 선호한다.

③ We need to automate this process.
– 우리는 이 과정을 자동화해야 한다.

④ The autofocus is constantly trying to focus.
– 자동 초점은 계속해서 초점을 맞추려 한다.

⑤ He wrote his autobiography.
– 그는 자서전을 썼다.

⑥ He signed his autograph for me.
– 그는 나를 위해 사인을 해주었다.

⑦ She used autohypnosis.
– 그녀는 자기 최면을 이용했다.

⑧ I know the risk of autotransfusion.
– 나는 자가 수혈의 위험성을 안다.

⑨ Do you know the weakness of autocracy?
– 독재 정치의 단점을 아나요?

⑩ They fought to acquire autonomy.
– 그들은 자치권을 얻기 위해 싸웠다.

ball

ⓝ 공, 공 모양의 물체
* '공', '둥근 것'이라는 의미 부여

1 **baseball** [베이스볼] ⓝ 야구, 야구공
base 야구의 루 + ball 공

2 **football** [풋볼] ⓝ 미식축구
foot 발 + ball 공

3 **basketball** [베스킷볼] ⓝ 농구
basket 바구니 + ball 공

4 **volleyball** [발리볼] ⓝ 배구
volley 맞받아치기 + ball 공

5 **dodgeball** [더찌볼] ⓝ 피구
dodge 피하다 + ball 공

6 **handball** [핸드볼] ⓝ 핸드볼
hand 손 + ball 공

7 **balloon** [벌룬] ⓝ 풍선
ball 공 + oon

8 **eyeball** [아이볼] ⓝ 눈알
eye 눈 + ball 공

9 **fireball** [파이어볼] ⓝ 불덩이
fire 불 + ball 공

10 **meatball** [미트볼] ⓝ 미트볼, 고기완자
meat 고기 + ball 공

1
활용어휘

① I love to play baseball.
- 나는 야구하는 것을 좋아한다.

② He used to be a football player.
- 그는 미식축구 선수였다.

③ He is a famous basketball star.
- 그는 유명한 농구 스타이다.

④ They are playing volleyball over there.
- 그들은 저기서 배구를 하고 있다.

⑤ Dodgeball is my favorite sport.
- 피구는 내가 가장 좋아하는 스포츠이다.

⑥ Handball is popular in my country.
- 핸드볼은 우리나라에서 인기가 있다.

⑦ How should I blow up a balloon?
- 나는 풍선을 어떻게 불어야 하지?

⑧ They stood eyeball to eyeball.
- 그들은 얼굴(눈알)을 맞대고 서 있었다.

⑨ I barely avoided the fireball.
- 나는 간신히 그 불덩이를 피했다.

⑩ The meatball is so delicious.
- 그 미트볼은 정말 맛있다.

board ⓝ 판자, 보드; 이사회 ⓥ 탑승하다
* 원래 단어의 의미 부여

① **aboard** [어보드] ⓐ **탑승한**
 a + board 탑승하다

② **on board** [온보드] **승차한, 합류한**
 on 위에 + board 탑승하다

③ **cupboard** [커보드] ⓝ **장롱, 벽장**
 cup 컵 + board 판

④ **blackboard** [블랙보드] ⓝ **칠판**
 black 검은 + board 판

⑤ **keyboard** [키보드] ⓝ **키보드, 건반**
 key 키 + board 판

⑥ **billboard** [빌보드] ⓝ **광고판**
 bill 지폐 + board 판

⑦ **dashboard** [데스보드] ⓝ **(승용차) 계기판**
 dash 달리다 + board 판

⑧ **snowboard** [스노우보드] ⓝ **스노보드(를 타다)**
 snow 눈 + board 보드

⑨ **surfboard** [서프보드] ⓝ **서핑보드**
 surf 파도 타다 + board 보드

⑩ **board game** [보드게임] **보드게임**
 board 보드 + game 게임

① **Welcome aboard.**
   – (탑승, 합류한 사람에게) 환영합니다.

② **I am on board for the project.**
   – 저는 그 프로젝트에 합류합니다.

③ **This cupboard is an antique.**
   – 이 장롱은 골동품이다.

④ **We do not use blackboards anymore.**
   – 우리는 더 이상 칠판을 쓰지 않는다.

⑤ **The keyboard is broken.**
   – 그 키보드는 고장이 났다.

⑥ **They are setting up an outdoor billboard.**
   – 그들은 옥외 광고판을 설치하고 있다.

⑦ **The dashboard is weird.**
   – 계기판이 이상하다.

⑧ **Let's go snowboarding this winter.**
   – 이번 겨울에 스노보드를 타러 가자.

⑨ **Can I borrow your surfboard?**
   – 당신의 서핑보드를 빌려도 되나요?

⑩ **My wife and I play a board game.**
   – 내 아내와 나는 보드게임을 한다.

2
활용문장

book

ⓝ 책, 도서 ⓥ 예약하다
* '책', '예약하다'라는 의미 부여

① **booking** [부킹] ⓝ 예약
book 예약하다 + ing

② **booked** [북트] ⓐ 예약된
book 예약하다 + ed

③ **bookshelf** [북쉘프] ⓝ 책꽂이
book 책 + shelf 선반

④ **bookcase** [북케이스] ⓝ 책장
book 책 + case 상자

⑤ **bookstore** [북스토어] ⓝ 책방, 서점
book 책 + store 상점

⑥ **booklet** [북렛] ⓝ 작은 책자
book 책 + let 작은 것

⑦ **notebook** [노트북] ⓝ 공책
note 메모+ book 책

⑧ **handbook** [핸드북] ⓝ 안내서
hand 손 + book 책

⑨ **cookbook** [쿡북] ⓝ 요리책
cook 요리하다 + book 책

⑩ **e-book** [이북] ⓝ 전자책
e(electronic) 전자의 + book 책

① The booking is confirmed.
– 예약은 확정되었습니다.

② This room is booked this morning.
– 이 방은 오늘 아침에 예약되었습니다.

③ The bookshelf takes up a lot of space.
– 그 책꽂이는 많은 자리를 차지합니다.

④ The bookcase is too big for my room.
– 그 책장은 내 방에 너무 크다.

⑤ I met her at the bookstore.
– 나는 서점에서 그녀를 만났다.

⑥ I got a booklet on a science camp.
– 나는 과학 캠프에 대한 책자를 얻었다.

⑦ I lost my notebook somewhere.
– 나는 어디선가에서 공책을 잃어버렸다.

⑧ Look at this traveler's handbook.
– 이 여행자 안내서를 보아라.

⑨ This cookbook is amazing.
– 이 요리책은 놀랍다.

⑩ I wrote two e-books so far.
– 나는 지금까지 두 개의 전자책을 썼다.

check
ⓥ 살피다, 알아보다 ⓝ 확인
* '확인'이라는 의미 부여

① checklist [체크리스트] ⓝ 확인할 사항
check 확인 + list 리스트

② check in [체크인] (호텔, 공항) 수속을 하다
check 확인 + in 안으로

③ check out [체크아웃] 호텔에서 나오다, 확인하다
check 확인 + out 밖으로

④ checkup [체크업] ⓝ (건강) 검진
check 확인 + up 위로

⑤ checkpoint [체크포인트] ⓝ (국경의) 검문소
check 확인 + point 점

⑥ checkbook [체크북] ⓝ 수표장
check 확인 + book 책

⑦ checkmate [체크메이트] ⓝ (체스) 완전히 패배한 상황
check 확인 + mate 짝

⑧ paycheck [페이첵] ⓝ 급료
pay 지불하다 + check 확인

⑨ recheck [리체크] ⓥ 재검토하다
re 다시 + check 확인

⑩ double-check [더블체크] ⓥ 다시 한번 확인하다
double 두 배의 + check 확인

① **Let's make a checklist.**
  – 확인할 사항을 만듭시다.

② **We will check in at 5 p.m.**
  – 우리는 오후 5시에 호텔 수속할 겁니다.

③ **When are you going to check out?**
  – 언제 호텔에서 나올 것입니까?

④ **Visit your doctor for a checkup.**
  – 검진을 위해 당신의 의사를 방문하세요.

⑤ **My car was stopped at the checkpoint**
  – 내 차는 검문소에서 세워졌다.

⑥ **I lost my checkbook last week.**
  – 나는 저번주에 수표장을 잃어버렸다.

⑦ **He played checkmate with me.**
  – 그는 나를 패배할 상황으로 몰았다.

⑧ **I live from paycheck to paycheck.**
  – 나는 그날 벌어 그날 먹고 산다.

⑨ **I need to recheck the data myself.**
  – 나는 그 자료를 직접 재검토하겠다.

⑩ **I will double-check what you ate.**
  – 너가 먹은 것을 다시 한번 확인할게.

2 활용문장

color

ⓝ 색깔, 색
* '색깔'이라는 의미 부여

1
활
용
어
휘

1 **coloring** [칼러링] ⓝ 색을 입히는 것
color 색깔 + ing

2 **colored** [칼럴드] ⓐ 색이 있는
color 색깔 + ed

3 **colorful** [칼라풀] ⓐ 다채로운
color 색깔 + ful

4 **colorless** [칼라리스] ⓐ 색이 없는
color 색깔 + less 없는

5 **colorize** [칼러라이즈] ⓥ 색을 입히다
color 색깔 + ize

6 **color print** [칼라프린트] 컬러 인화
color 색깔 + print 인화

7 **color-blind** [칼라블라인드] ⓐ 색맹의
color 색깔 + blind 눈이 먼

8 **color degree** [칼라 디그리] 색도
color 색깔 + degree 정도

9 **watercolor** [워러칼라] ⓝ 수채화, 그림 물감
water 물 + color 색깔

10 **decolorize** [디칼러라이즈] ⓥ 탈색하다
de 분리 + colorize 색을 입히다

① It contains no artificial coloring.
 – 이것은 인위적으로 색 입힌 것이 없어요.

② I prefer colored papers to white ones.
 – 나는 하얀 종이보다 색종이가 좋다.

③ Your dress is so colorful.
 – 너의 드레스는 정말 다채롭다.

④ Ammonia is colorless in nature.
 – 암모니아는 본래 색이 없다.

⑤ We need to colorize this photo.
 – 우리는 이 사진에 색을 입혀야 해.

⑥ He wants a color print of it.
 – 그는 그것의 컬러 인화를 원한다.

⑦ His father is color-blind.
 – 그의 아버지는 색맹이다.

⑧ What is the color degree of this picture?
 – 이 사진의 색도는 어떻게 되죠?

⑨ It is a watercolor, not an oil painting.
 – 이것은 수채화지 유화가 아니다.

⑩ Decolorizing hair is not good for hair.
 – 머리를 탈색하는 것은 머리에 좋지 않다.

2
활
용
문
장

count

ⓥ 세다 ⓝ 셈, 계산
* '세다'라는 의미 부여

1 활용어휘

① **account** [어카운트] ⓝ 계좌, 장부 ⓥ 간주하다
ac 향하여 + count 세다

② **accountant** [어카운턴트] ⓝ 회계사
account 계좌 + ant

③ **accountable** [어카운터블] ⓐ 책임이 있는
account 계좌 + able

④ **discount** [디스카운트] ⓝ 할인
dis 떨어뜨리다 + count 세다

⑤ **count down** [카운트다운] 카운트다운하다
count 세다 + down 아래로

⑥ **recount** [리카운트] ⓥ 다시 세다, 재검토하다
re 다시 + count 세다

⑦ **miscount** [미스카운트] ⓥ 잘못 세다
mis 잘못 + count 세다

⑧ **overcount** [오버카운트] ⓝ 실제보다 더 많이 세다, 많이 셈
over 넘어서 + count 세다

⑨ **countless** [카운트리스] ⓐ 무수한
count 세다 + less 없는

⑩ **countable** [카운터블] ⓐ 셀 수 있는, 셀 수 있는 명사의
count 세다 + able 할 수 있는

① I forgot my password to my account.
 – 나는 내 계좌 비밀번호를 잊어버렸다.

② I used to be an accountant.
 – 나는 회계사였다.

③ He is accountable for his action.
 – 그는 그의 행동에 책임이 있다.

④ Can I get a discount?
 – 할인을 받을 수 있나요?

⑤ I will count down to the wedding.
 – 나는 결혼식을 카운트다운할 것이다.

⑥ I will recount the details of the contract.
 – 나는 계약서의 세부사항을 재검토할 것이다.

⑦ The votes were miscounted somehow.
 – 왜 그런지 투표는 잘못 세어졌다.

⑧ I think it was an overcount.
 – 제 생각에 그것은 더 많이 센 것 같아요.

⑨ I told you countless times about that.
 – 난 그것에 대해 무수히 말했어.

⑩ In English, "City" is a countable noun.
 – 영어에서 도시는 셀 수 있는 명사이다.

2
활
용
문
장

cover

ⓝ 덮개
ⓥ 덮다, 가리다; 취재[방송]하다
* 원래 단어의 의미 부여

1 **discover** [디스커버] **ⓥ 발견하다**
    dis 떼어내다 + **cover** 덮다

2 **discovery** [디스커버리] **ⓝ 발견**
    discover 발견하다 + **y**

3 **recover** [리커버] **ⓥ 회복하다**
    re 다시 + **cover** 덮다

4 **recovery** [리커버리] **ⓝ 회복**
    recover 회복하다 + **y**

5 **uncover** [언커버] **ⓥ 덮개를 벗기다**
    un 부정 + **cover** 덮다

6 **covered** [커벌드] **ⓐ ~이 덮인, 지붕이 덮인**
    cover 덮다 + **ed**

7 **coverage** [커버리지] **ⓝ 보도[방송], 범위**
    cover 덮다, 취재하다 + **age**

8 **hardcover** [하드커버] **ⓝ 딱딱한 커버로 만든 책**
    hard 딱딱한 + **cover** 덮개

9 **bed cover** [베드커버] **침대보**
    bed 침대 + **cover** 덮개

10 **coverless** [커버리스] **ⓐ 덮개가 없는**
    cover 덮개 + **less** 없는

① I discovered the shield.
　– 나는 그 방패를 발견했다.

② The discovery of the bone made me happy.
　– 그 뼈의 발견은 나를 기쁘게 했다.

③ He will recover gradually.
　– 그는 점진적으로 회복할 것이다.

④ I am praying for an economic recovery.
　– 나는 경제적 회복을 위해 기도합니다.

⑤ I will uncover the truth to everyone.
　– 저는 모두에게 진실을 드러낼 것입니다.

⑥ The roof is covered with snow.
　– 그 지붕은 눈으로 덮여 있습니다.

⑦ There was massive TV coverage of it.
　– 그것에 대한 대량의 TV 보도가 있었다.

⑧ The hardcover is not cheap.
　– 그 딱딱한 커버로 만든 책은 싸지 않다.

⑨ What color is my bed cover?
　– 내 침대보는 무슨 색이지?

⑩ This book is coverless.
　– 이 책은 덮개가 없습니다.

2
활
용
문
장

down

1 **downgrade** [다운그레이드] **V** 격하시키다
　down 아래로 + **grade** 등급을 나누다

2 **downside** [다운사이드] **n** 불리한 면; 아래쪽
　down 아래로 + **side** 쪽[편], 측면

3 **downturn** [다운턴] **n** 감소, 하강[침체]
　down 아래로 + **turn** 전환

4 **download** [다운로드] **V** 다운로드 하다
　down 아래로 + **load** 싣다, 적재하다

5 **downtown** [다운타운] **ad** 시내에(로)
　down 아래로 + **town** 도시

6 **downfall** [다운펄] **n** 몰락
　down 아래로 + **fall** 떨어짐

7 **downhill** [다운힐] **ad** 비탈 아래로
　down 아래로 + **hill** 언덕

8 **downsize** [다운사이즈] **V** 줄이다
　down 아래로 + **size** 크기를 표시하다

9 **downbeat** [다운비트] **a** 침울한, 비관적인
　down 아래로 + **beat** 맥박

10 **downward** [다운월드] **a** 아래쪽으로 내려가는, 하향의
　down 아래로 + **ward** ~으로 향함

활용어휘

① The recession downgraded our economy.
  – 그 침체는 우리 경제를 격하시켰다.

② The downside of success is pride.
  – 성공의 불리한 면은 자만이다.

③ A downturn in business was caused.
  – 사업의 침체가 야기되었다.

④ I am downloading the movie.
  – 나는 그 영화를 다운로드하고 있다.

⑤ I live at the center of downtown.
  – 나는 시내 중심가에 산다.

⑥ Her greed led to the downfall of the house.
  – 그녀의 탐욕은 집안의 몰락으로 이어졌다.

⑦ Let's go downhill together.
  – 비탈 아래로 함께 가자.

⑧ He made us downsize the business.
  – 그는 우리가 사업을 줄이도록 만들었다.

⑨ The mood of the meeting is downbeat.
  – 그 회의의 분위기는 비관적이다.

⑩ Look at the downward trend in sales.
  – 판매의 하락세를 보세요.

extra
@ 추가의, 가외의
* '외부의', '밖으로',
'이외에'라는 의미 부여

1 활용 어휘

1 **extraverted** [엑스트라벌티드] @ 외향적인
extra 외부의 + verted 돌다

2 **extravagant** [엑스트라버건트] @ 낭비하는, 사치스러운
extra 밖으로 + vagant 돌아다니다

3 **extraneous** [엑스트레이니어스] @ 관련 없는, 외부에서 오는
extra 이외의 + neous

4 **extraordinary** [엑스트라올디너리] @ 기이한, 놀라운, 보기 드문
extra 이외의 + ordinary 보통의

5 **extra work** [엑스트라월크] 초과 업무, 시간외 노동
extra 이외의 + work 업무

6 **extracurricular** [엑스트라커리큘럴] @ 정식 학과 이외의, 과외의
extra 이외의 + curricular 학과의

7 **extra revenue** [엑스트라레비뉴] 추가 소득
extra 이외의 + revenue 소득

8 **extra addition** [엑스트라에디션] 여분의 첨가
extra 이외의 + addition 추가

9 **extra source** [엑스트라소스] 여분의 자원
extra 이외의 + source 자원

10 **extra-special** [엑스트라스페셜] @ 아주 특별한
extra 이외의 + special 특별한

① I hang out with extraverted people.
 – 나는 외향적인 사람들과 어울린다.

② I don't need such an extravagant gift.
 – 나는 그런 사치스러운 선물을 바라지 않아.

③ This is extraneous information.
 – 이것은 관련이 없는 정보야.

④ My wife is an extraordinary woman.
 – 내 아내는 유별난 여자다.

⑤ I am so stressed because of extra work.
 – 나는 초과 업무로 너무 스트레스 받는다.

⑥ I do many extracurricular activities.
 – 나는 많은 교외 활동을 한다.

⑦ How much is our extra revenue?
 – 우리의 추가 소득은 얼마인가요?

⑧ We need some extra additions here.
 – 우리 여기 여분의 첨가가 필요합니다.

⑨ This is where my extra source comes from.
 – 여기가 저의 여분의 자원이 나오는 곳이죠.

⑩ I love you because you are extra-special.
 – 나는 너를 사랑해. 너는 정말 특별하니까.

2 활용 문장

every

모든, 매, ~마다
* 원래 단어의 의미 부여

1 **everyone** [에브리원] **모든 사람, 모두**
every 모든 + one 사람 (= everybody)

2 **everything** [에브리띵] **모든 것, 모두, 전부**
every 모든 + thing 것, 사물

3 **everywhere** [에브리웨어] **ad** **모든 곳에, 어디나**
every 모든 + where ~하는 곳(장소)

4 **every time** [에브리타임] **가능하면 언제든지, ~할 때마다**
every ~마다 + time 시간, 때

5 **every day** [에브리데이] **매일**
every 매 + day 일 (everyday **a** 매일의, 일상의)

6 **every week** [에브리윅] **매주**
every 매 + week 주

7 **every year** [에브리이어] **매년**
every 매 + year 해, 년

8 **every chance** [에브리챈스] **모든 기회**
every 모든 + chance 기회

9 **each and every** [이취앤에브리] **어느 ~이나, 하나도 빠짐없이**
each 각자 + and 그리고 + every 모두

10 **every moment** [에브리모먼트] **계속해서, 언제나**
every 모든 + moment 순간

① **Everyone** in the room stood when I came in.
  – 내가 들어가자 그 방에 있는 모든 사람이 일어섰다.

② I can't do **everything** all at once.
  – 나는 모든 것을 동시에 할 수 없다.

③ We looked **everywhere** for my wallet.
  – 우리는 내 지갑을 찾으려고 모든 곳을 찾았다.

④ **Every time** I washed my car, it rained.
  – 내가 세차를 할 때마다 비가 내렸다.

⑤ We go to school by foot **every day**.
  – 우리는 매일 걸어서 학교에 간다.

⑥ I used to buy lottery tickets **every week**.
  – 나는 매주 복권을 사곤 했다.

⑦ There is the film festival in my town **every year**.
  – 매년 우리 마을에서 영화 축제가 있다.

⑧ I was given **every chance** to make things right.
  – 내게 일들을 바로 잡을 수 있는 모든 기회가 주어졌다.

⑨ I am proud of **each and every one** of my students.
  – 나는 내 학생들 모두 하나도 빠짐없이 자랑스럽다.

⑩ We just try our best at **every moment**.
  – 우리는 그저 매 순간 최선의 노력을 다하고 있을 뿐이다.

2 활용문장

form

ⓝ 형태, 모양
* '형태'라는 의미 부여

① **format** [포맷] ⓝ 구성방식, 판형
form 형태 + at

② **formula** [포뮬라] ⓝ 공식
form 형태 + ula

③ **formulate** [포뮬레잇] Ⓥ 만들어내다
form 형태 + ulate

④ **formation** [포뮬레이션] ⓝ 형태를 이루는 것, 형성
form 형태 + ation

⑤ **inform** [인폼] Ⓥ 알리다
in 안 + form 형태

⑥ **conform** [컨폼] Ⓥ 순응하다
con 함께 + form 형태

⑦ **reform** [리폼] Ⓥ 개혁하다, 개편하다 ⓝ 개혁, 개편
re 다시 + form 형태

⑧ **perform** [펄폼] Ⓥ 연기하다, 행하다
per 통하여 + form 형태

⑨ **deform** [디폼] Ⓥ 형태를 망가뜨리다
de 떨어진 + form 형태

⑩ **transform** [트랜스폼] Ⓥ 형태를 바꾸다
trans 가로지르는 + form 형태

① No format was provided to him.
   – 어떤 구성방식도 그에게 제공되지 않았다.

② It's very difficult to understand this formula.
   – 이 공식은 이해하기가 매우 어렵다.

③ I will formulate a theory of urban planning.
   – 나는 도시 계획 이론을 만들어낼 것이다.

④ The formation of language is complex.
   – 언어의 형성은 복잡하다.

⑤ He informed me of his accident.
   – 그는 나에게 그의 사고에 대해 알렸다.

⑥ We need to conform to the law of nature.
   – 우리는 자연의 법칙에 순응해야 한다.

⑦ This will bring about a systematic reform.
   – 이것은 시스템의 개혁을 가져올 것이다.

⑧ The actress performed well.
   – 그 여배우는 연기를 잘 했다.

⑨ Excessive force deforms the tire.
   – 과도한 힘은 타이어의 형태를 망가뜨린다.

⑩ The car can transform into a robot.
   – 그 차는 로봇으로 형태를 바꿀 수 있다.

2 활용 문장

graph

ⓝ 그래프, 도표
*** '쓰다', '그리다'라는 의미 부여**

① **graphic** [그래픽] ⓝ 그래픽 ⓐ 생생한, 도표의
graph 그리다 + ic

② **graphic designer** [그래픽 디자이너] **그래픽 디자이너**
graphic 그래픽 + designer 디자이너

③ **paragraph** [패러그래프] ⓝ 단락, 절
para 옆에 + graph 쓰다

④ **photograph** [포토그래프] ⓝ 사진 ⓥ ~의 사진을 찍다
photo 사진 + graph 그리다

⑤ **photographer** [포토그래퍼] ⓝ 사진작가
photograph ~의 사진을 찍다 + er

⑥ **telegraph** [텔레그래프] ⓝ 전신 ⓥ 전보를 보내다
tele 멀리 + graph 쓰다

⑦ **autograph** [오토그래프] ⓝ 사인 ⓥ 사인해주다
auto 스스로 + graph 쓰다

⑧ **radiograph** [래디오그래프] ⓝ 방사선[X선] 사진
radio 방사선 + graph 그리다

⑨ **biographer** [바이오그래피] ⓝ 전기작가
bio 삶 + graph 쓰다 + er

⑩ **thermograph** [떨모그래프] ⓝ 온도 기록계
thermo 열 + graph 쓰다

① I am into graphic art nowadays.
   – 나는 요즘 그래픽 아트에 빠졌어.

② My father is a graphic designer.
   – 내 아버지는 그래픽 디자이너야.

③ This paragraph is not coherent.
   – 이 단락은 일관성이 없어.

④ It's time for a group photograph.
   – 단체 사진 시간입니다.

⑤ Photographers are very cool.
   – 사진작가들은 정말 멋지다.

⑥ Please telegraph me the data.
   – 데이터를 저에게 전보로 보내주세요.

⑦ Can I have your autograph?
   – 사인을 좀 받을 수 있을까요?

⑧ Let's take a radiograph of your shoulder.
   – 당신의 어깨 방사선 사진을 찍읍시다.

⑨ He is the most famous biographer here.
   – 그는 여기서 가장 유명한 전기작가야.

⑩ We don't use the thermograph anymore.
   – 우리는 더 이상 온도 기록계를 쓰지 않아.

home

ⓝ 집, 주택
*** '집'이라는 의미 부여**

①
활
용
어
휘

① **homework** [홈워크] **ⓝ 숙제**
home 집 + work 업무

② **hometown** [홈타운] **ⓝ 고향**
home 집 + town 도시

③ **homeschool** [홈스쿨] **ⓝ 집에서 교육하는 것, 홈스쿨**
home 집 + school 학교

④ **homelike** [홈라이크] **ⓐ 제집 같은, 마음이 편한**
home 집 + like ~같은

⑤ **homeless** [홈리스] **ⓐ 집이 없는, 노숙자(의)**
home 집 + less 없는

⑥ **homepage** [홈페이지] **ⓝ 홈페이지**
home 집 + page 페이지

⑦ **homely** [홈리] **ⓐ 아늑한, 가정적인**
home 집 + ly

⑧ **homesick** [홈씩] **ⓐ 향수병에 잠긴**
home 집 + sick 아픈

⑨ **homeland** [홈랜드] **ⓝ 고국, 조국**
home 집 + land 땅

⑩ **homecoming** [홈커밍] **ⓝ 동창회, 귀향**
home 집 + coming 오는 것

① This homework is beyond my ability.
　– 이 숙제는 내 능력 밖이다.

② My hometown is Busan.
　– 내 고향은 부산이다.

③ We are homeschooling our kids.
　– 우리는 우리 아이들을 집에서 교육하고 있다.

④ My company is homelike.
　– 나의 회사는 집 같다.

⑤ The homeless people are living there.
　– 그 노숙자들은 거기에 살고 있다.

⑥ Our homepage will be renovated.
　– 우리 홈페이지는 개선될 것이다.

⑦ My husband is very homely.
　– 나의 남편은 아주 가정적이다.

⑧ The music makes me homesick.
　– 그 음악은 내가 향수병에 잠기게 한다.

⑨ My homeland is South Korea.
　– 내 조국은 대한민국이다.

⑩ Ten people came to the homecoming.
　– 10명의 사람들이 동창회에 왔다.

2 활용문장

life

ⓝ 생명, 삶
* '생명', '삶'이라는 의미 부여

1 **lifeboat** [라이프보트] **ⓝ 구조선**
life 생명 + boat 보트

2 **lifeline** [라이프라인] **ⓝ 구명 밧줄, 생명선**
life 생명 + line 선

3 **lifetime** [라이프타임] **ⓝ 일평생**
life 삶 + time 시간

4 **lifeless** [라이프리스] **ⓐ 죽은 듯한**
life 생명 + less 없는

5 **life condition** [라이프컨디션] **생활 상태**
life 삶 + condition 조건

6 **lifestyle** [라이프스타일] **ⓝ 생활 방식**
life 삶 + style 방식

7 **life checklist** [라이프체크리스트] **생활 점검표**
life 삶 + checklist 점검표

8 **life vest** [라이프베스트] **구명조끼**
life 생명 + vest 조끼

9 **lifeguard** [라이프가드] **ⓝ 인명 구조원**
life 생명 + guard 구조원

10 **lifespan** [라이프스팬] **ⓝ 수명**
life 생명 + span 기간

❶ 활용 어휘

① **The lifeboat finally appeared again.**
   – 구조선은 마침내 다시 나타났다.

② **Love is the lifeline for everyone.**
   –사랑은 모두의 생명선이다.

③ **It is a once in a lifetime experience.**
   – 그것은 평생에 한번밖에 없는 경험이다.

④ **This insect looks lifeless.**
   – 이 곤충은 죽은 듯이 보인다.

⑤ **The worker's life condition is pitiful.**
   – 그 직원의 생활 상태는 가련하다.

⑥ **I want to learn your lifestyle.**
   – 나는 너의 생활 방식을 배우고 싶다.

⑦ **Where is my life checklist?**
   – 내 생활점검표가 어디에 갔지?

⑧ **If you have this life vest, you will survive.**
   – 이 구명조끼가 있으면 넌 생존할거야.

⑨ **Lifeguards save drowning people.**
   – 인명 구조원은 물에 빠진 사람들을 구한다.

⑩ **The average lifespan of a human has been extended.**
   – 인간의 평균 수명은 늘어났다.

2 활 용 문 장

line

ⓝ 선, 라인 ⓥ 선을 긋다
* '선'이라는 의미 부여

① 활용 어휘

① **online** [온라인] ⓐ **온라인의**
on 연결 + line 선

② **offline** [오프라인] ⓐ **온라인이 아닌, 오프라인의**
off 끊어짐 + line 선

③ **airline** [에어라인] ⓝ **항공사**
air 항공 + line 선

④ **skyline** [스카이라인] ⓝ **하늘과 맞닿은 윤곽선, 스카이라인**
sky 하늘 + line 선

⑤ **outline** [아웃라인] ⓥ **개요를 서술하다** ⓝ **개요**
out 바깥 + line 선

⑥ **deadline** [데드라인] ⓝ **마감일**
dead 죽은 + line 선

⑦ **headline** [헤드라인] ⓝ **표제, 주요 뉴스**
head 머리 + line 선

⑧ **pipeline** [파이프라인] ⓝ **(지역) 배관**
pipe 파이프 + line 선

⑨ **lifeline** [라이프라인] ⓝ **구명 밧줄, 생명줄**
life 생명 + line 선

⑩ **coastline** [코스트라인] ⓝ **해안 지대**
coast 해안 + line 선

① I will do an online degree program.
– 나는 온라인 학위 프로그램을 할 거야.

② I am teaching an offline course.
– 나는 오프라인 수업을 가르치고 있어.

③ The airline has a great safety record.
– 그 항공사는 운항(무사고)기록이 훌륭하다.

④ The skyline is so beautiful.
– 그 스카이라인은 정말 아름답다.

⑤ I will outline the course first.
– 나는 먼저 코스의 개요를 서술할 것이다.

⑥ We can't meet the deadline this time.
– 이번에 우리는 마감일에 맞출 수가 없다.

⑦ The accident was the headline of the news.
– 그 사고가 뉴스의 표제였다.

⑧ They are constructing the pipeline.
– 그들은 배관을 건설하고 있다.

⑨ Love is our lifeline in life.
– 사랑은 우리 삶의 생명줄이다.

⑩ The coastline is so crowded.
– 해안 지대는 정말 복잡하다.

2 활용 문장

match

ⓝ 경기, 시합; 성냥 ⓥ 어울리다
** '필적하다', '어울림',
'성냥'이라는 의미 부여*

❶ 활 용 어 휘

① **matching** [매칭] ⓐ 어울리는
match 어울림 + ing

② **matchless** [매치리스] ⓐ 비할 데 없는, 독보적인
match 어울림 + less 없는

③ **matchable** [매처블] ⓐ 어울리는, 필적하는
match 어울림 + able 할 수 있는

④ **unmatchable** [언매처블] ⓐ 필적하기 어려운
un 부정 + matchable 필적하는

⑤ **outmatch** [아웃매치] ⓥ 보다 한수 위다
out 넘어서 + match 필적하다

⑥ **overmatch** [오버매치] ⓥ 압도하다 ⓝ 한수 높은 사람
over 위로 + match 필적하다

⑦ **matchstick** [매치스틱] ⓝ 성냥개비
match 성냥 + stick 나뭇가지

⑧ **matchbox** [매치박스] ⓝ 성냥갑
match 성냥 + box 상자

⑨ **mismatch** [미스매치] ⓝ 부조화
mis 잘못 + match 어울림

⑩ **rematch** [리매치] ⓝ 재시합
re 다시 + match 필적하다

① It has no matching outfit.
  – 그것은 어울리는 옷이 없다.

② The company is matchless.
  – 그 회사는 독보적이다.

③ I have five matchable competitors.
  – 나는 다섯명의 필적하는 경쟁자가 있다.

④ The new guys are unmatchable.
  – 그 새로운 남자는 필적하기 어렵다.

⑤ The damage outmatches the previous one.
  – 그 피해는 이전 것보다 한수 위다.

⑥ The teacher overmatches others.
  – 그 선생님은 다른 사람들을 압도한다.

⑦ Do you know how to light a matchstick?
  – 성냥개비를 어떻게 켜는지 알아요?

⑧ The matchbox is not used in my house.
  – 그 성냥갑은 우리 집에서 쓰이지 않아요.

⑨ It's a mismatch between demand and supply.
  – 이것은 수요와 공급의 부조화이다.

⑩ The two will have a rematch.
  – 그 둘은 재시합을 가질 것이다.

max

① maximum [맥시멈] ⓐ 대형의, 최대의
max 최대 + imum

② maximal [맥시멀] ⓐ 최대한의, 최고조의
max 최대 + imal

③ maximize [맥시마이즈] ⓥ 극대화하다
max 최대 + imize

④ maximizer [맥시마이저] ⓝ 극대로 하는 사람(것)
max 최대 + imizer

⑤ maximally [맥시멀리] ⓐⓓ 최대한으로
max 최대 + imal + ly

⑥ maximalist [맥시멀리스트] ⓝ 최대한을 요구하는 사람
max 최대 + imal + ist

⑦ maximalism [맥시멀리즘] ⓝ 과장되고 화려한 예술
max 최대 + imal + ism

⑧ maximization [맥시마이제이션] ⓝ 극대화
max 최대 + imization

⑨ climax [클라이막스] ⓝ 절정, 최고조
cli + max 최대

⑩ anticlimax [안티클라이막스] ⓝ 실망스러운 결말
anti 반대 + cli + max 최대

① 활용 어휘

① He faced a maximum prison term of 20 years.
　– 그는 최고 징역 20년 형에 직면했다.

② It is going to exceed the maximal speed.
　– 그것은 최고 속도를 능가할 것이다.

③ We have to maximize our benefit.
　– 우리는 우리의 이익을 극대화해야 한다.

④ I am always a maximizer.
　– 나는 항상 극대로 하는 사람이다.

⑤ The computer functions maximally now.
　– 그 컴퓨터는 지금 최대한으로 작동한다.

⑥ He is such a maximalist.
　– 그는 정말 최고의 것을 얻으려는 사람이다.

⑦ I am fond of maximalism.
　– 나는 과장예술을 좋아한다.

⑧ What we need now is maximization.
　– 우리가 지금 필요한 것은 극대화이다.

⑨ It was the climax of his career.
　– 그것은 그의 경력의 절정이었다.

⑩ The anticlimax is embarrassing.
　– 그 실망스러운 결말은 당황스럽다.

❷ 활용문장

mega

ⓐ 엄청나게 큰, 100만의
* '아주 큰', '100만의'라는 의미 부여

1 megabyte [메가바이트] ⓝ **메가바이트 (컴퓨터의 기억 용량)**
mega 아주 큰 + byte 바이트

2 megastar [메가스타] ⓝ **초대형 스타**
mega 아주 큰 + star 스타, 별

3 megaphone [메가폰] ⓝ **확성기**
mega 아주 큰 + phone 소리

4 megaproject [메가프로젝트] ⓝ **거대 프로젝트**
mega 아주 큰 + project 프로젝트

5 megavolt [메가볼트] ⓝ **메가볼트 (전기)**
mega 아주 큰 + volt 볼트

6 megatrend [메가트랜드] ⓝ **주류, 대세**
mega 아주 큰 + trend 추세

7 megastore [메가스토어] ⓝ **초대형 상점**
mega 아주 큰 + store 상점

8 megabank [메가뱅크] ⓝ **초대형 은행**
mega 아주 큰 + bank 은행

9 megaquake [메가퀘익] ⓝ **거대 지진**
mega 아주 큰 + quake 지진

10 megalomania [메가로메니아] ⓝ **과대망상증**
megalo 아주 큰 + mania ~광

① One megabyte is equal to 1,000 kilobytes.
 – 1 메가바이트는 1,000 킬로바이트와 같다.

② He became a megastar in the field.
 – 그는 그 분야에서 초대형 스타가 되었다.

③ Use this megaphone.
 – 이 확성기를 사용하세요.

④ This megaproject costs 1 billion dollars.
 – 이 거대 프로젝트는 1억 달러가 든다.

⑤ It creates a megavolt of electrical tension.
 – 이것은 백만 볼트의 전압을 만든다.

⑥ I see e-commerce as a megatrend.
 – 나는 전자상거래를 주류로 본다.

⑦ He works in a megastore.
 – 그는 초대형 상점에서 일한다.

⑧ I met her at the megabank.
 – 나는 그녀를 초대형 은행에서 만났다.

⑨ A megaquake hit our city.
 – 거대 지진이 우리 도시를 강타했다.

⑩ I think that's megalomania.
 – 내 생각에 그것은 과대망상증이야.

2 활용문장

mind

ⓝ 마음, 정신
* '마음'이라는 의미 부여

❶ 활용 어휘

① **mindful** [마인드풀] ⓐ ~을 염두에 두는[의식하는]
mind 마음 + ful

② **unmindful** [언마인드풀] ⓐ 신경 안 쓰는
un 부정 + mindful 염두에 두는

③ **mindless** [마인드리스] ⓐ 아무 생각이 없는
mind 마음 + less 없는

④ **mindset** [마인드셋] ⓝ 사고방식, 태도
mind 마음 + set 집합

⑤ **mind map** [마인드맵] 마인드맵
mind 마음 + map 맵

⑥ **open-minded** [오픈마인디드] ⓐ 마음이 열린, 포용력이 있는
open 열린 + mind 마음 + ed

⑦ **mind-numbing** [마인드너밍] ⓐ 너무나 지루한
mind 마음 + numbing 마비시키는

⑧ **mastermind** [마스터마인드] ⓥ 배후에서 조종하다 ⓝ 배후
master 주인 + mind 마음

⑨ **simple-minded** [심플마인디드] ⓐ 소박한, 생각이 단순한
simple 간단한 + mind 마음 + ed

⑩ **remind** [리마인드] ⓥ 상기시키다
re 다시 + mind 마음

① Be mindful of the danger of the storm.
 – 폭풍의 위험을 염두에 두세요.

② You are unmindful of your duty.
 – 너는 너의 의무에 신경을 안 쓴다.

③ I can't stand his mindless behavior.
 – 나는 그의 무분별한 행동을 참을 수 없어.

④ Change your mindset about the world.
 – 세상에 대한 너의 사고방식을 바꾸어라.

⑤ Make a mind map using this theory.
 – 이 이론을 이용해 마인드맵을 만들어라.

⑥ I am a pure and open-minded person.
 – 나는 순수하고 포용력이 있는 사람이다.

⑦ The movie was so mind-numbing.
 – 그 영화는 너무나 지루했다.

⑧ He is the mastermind of all these things.
 – 그가 이 모든 것의 배후이다.

⑨ I love simple-minded people.
 – 나는 단순한 사람들을 좋아한다.

⑩ He reminded me of the news.
 – 그는 그 뉴스에 대해 나에게 상기시켰다.

2 활용 문장

mini

ⓐ 작은, 소형의
* '아주 작은'이라는 의미 부여

① **minimum** [미니멈] **ⓐ** 최소한도, 최소한의
   mini 아주 작은 + mum

② **minimal** [미니멀] **ⓐ** 아주 적은, 최소의
   mini 아주 작은 + mal

③ **minimize** [미니마이즈] **ⓥ** 최소화하다
   mini 아주 작은 + mize

④ **minimization** [미니마이제이션] **ⓝ** 최소화
   mini 아주 작은 + mization

⑤ **miniature** [미니에철] **ⓐ** 축소된, 소형의
   mini 아주 작은 + ature

⑥ **miniskirt** [미니스커트] **ⓝ** 미니스커트, 짧은 치마
   mini 아주 작은 + skirt 치마

⑦ **minicam** [미니캠] **ⓝ** 소형 카메라
   mini 아주 작은 + cam 카메라

⑧ **minimalism** [미니멀리즘] **ⓝ** 단순함을 강조하는 예술
   mini 아주 작은 + mal + ism

⑨ **minicar** [미니카] **ⓝ** 소형 자동차
   mini 아주 작은 + car 자동차

⑩ **minibus** [미니버스] **ⓝ** 소형 버스
   mini 아주 작은 + bus 버스

① We need a minimum of 10,000 dollars.
– 우리는 최소 10,000 달러가 필요하다.

② What is the minimal cost for that?
– 무엇이 그것의 최소 비용이죠?

③ He minimized the damage of the disaster.
– 그는 그 재앙의 손해를 최소화했다.

④ Minimization is the best solution.
– 최소화는 최고의 해결책이다.

⑤ These are miniature horses.
– 이것들은 소형 말들이다.

⑥ I want to buy this miniskirt.
– 나는 이 미니스커트를 사고 싶다.

⑦ He is looking for a minicam.
– 그는 소형 카메라를 찾고 있다.

⑧ I want to further study minimalism.
– 나는 단순 예술을 더 공부하고 싶다.

⑨ Is his car a minicar?
– 그의 차는 소형 자동차입니까?

⑩ We are going to use a minibus.
– 우리는 소형 버스를 이용할 것입니다.

❷ 활용문장

multi

@ 다채로운 ⓝ 다색 무늬
*'복수의', '다수의'라는 의미 부여

1
활용어휘

① **multimedia** [멀티미디어] ⓝ 멀티미디어
　　multi 다수의 + media 미디어

② **multitask** [멀티태스크] Ⓥ 동시에 여러가지 일을 하다
　　multi 다수의 + task 일

③ **multiple** [멀티플] @ 많은, 다수의
　　multi 다수의 + ple

④ **multiply** [멀티플라이] Ⓥ 곱하다
　　multi 다수의 + ply

⑤ **multitude** [멀티튜드] ⓝ 다수, 많은 수
　　multi 다수의 + tude

⑥ **multilingual** [멀티링구얼] @ 여러 언어를 하는
　　multi 다수의 + lingual 혀의

⑦ **multicultural** [멀티컬쳐럴] @ 다문화의
　　multi 다수의 + cultural 문화의

⑧ **multinational** [멀티내셔널] @ 다국적인
　　multi 다수의 + national 국가의

⑨ **multiracial** [멀티레이셜] @ 다민족의
　　multi 다수의 + racial 민족(인종)의

⑩ **multivitamin** [멀티바이러민] ⓝ 종합 비타민
　　multi 다수의 + vitamin 비타민

① **The teacher often uses** multimedia **in class.**
  - 그 선생님은 수업에 멀티미디어를 자주 사용한다.

② **My wife is so good at** multitasking.
  - 내 아내는 동시에 여러가지 일을 잘한다.

③ Multiple **students dropped the course.**
  - 다수의 학생들이 그 수업을 그만두었다.

④ **Try to** multiply **4 by 5.**
  - 4를 5로 곱해보아라.

⑤ **The** multitude **of books is released daily.**
  - 다수의 책이 매일 출판된다.

⑥ **He is famous for being** multilingual.
  - 그는 여러 언어를 하는 것으로 유명하다.

⑦ *Edinburgh* **is a** multicultural **city.**
  - 에든버러는 다문화 도시다.

⑧ **I was hired by a** multinational **company.**
  - 나는 다국적 기업에 고용되었다.

⑨ **Korea has become increasingly** multiracial.
  - 한국은 점점 다민족이 되고 있다.

⑩ **I take a** multivitamin **pill twice a day.**
  - 나는 하루에 종합 비타민 두 알을 먹는다.

2 활용문장

note

ⓝ 쪽지, 메모 ⓥ ~에 주목하다
* '주목(하다)', '메모'라는 의미 부여

1 활용어휘

① notebook [노트북] ⓝ **노트, 공책**
note 메모 + book 책

② notepad [노트패드] ⓝ **메모지, 노트패드**
note 메모 + pad 묶음

③ noted [노티드] ⓐ **잘 알려진**
note 주목(하다) + d

④ noteworthy [노트월시] ⓐ **주목할 만한**
note 주목(하다) + worthy ~할 만한

⑤ keynote [키노트] ⓝ **주안점[기조], 으뜸음**
key 주요한, 열쇠 + note 메모

⑥ footnote [풋노트] ⓝ **각주, 부차적인 것**
foot 발 + note 메모

⑦ denote [디노트] ⓥ **표시하다, 나타내다, 의미하다**
de 완전히 + note 메모(하다)

⑧ denotation [디노테이션] ⓝ **지시, 명시적 의미**
denote 의미하다 + ation

⑨ connote [코노트] ⓥ **함축하다**
con 함께 + note 메모(하다)

⑩ connotation [코노테이션] ⓝ **함축, 어감**
connote 함축하다 + ation

① I need a notebook for this class.
- 나는 이 수업을 위해 공책이 필요하다.

② I have a very small notepad.
- 나는 아주 작은 메모지가 있다.

③ The king is noted for being notorious.
- 그 왕은 악명 높기로 잘 알려졌다.

④ His remark is noteworthy all the time.
- 그의 발언은 언제나 주목할 만하다.

⑤ This is the keynote of my lecture.
- 이것은 제 강의의 주안점입니다.

⑥ You can skip the footnotes.
- 당신은 각주를 건너뛰어도 됩니다.

⑦ The price tag denotes the price of the bag.
- 가격표는 그 가방의 가격을 나타낸다.

⑧ What is the denotation of this word?
- 이 단어의 명시적 의미는 무엇입니까?

⑨ This symbol connotes his sinful nature.
- 이 상징은 그의 죄의 본성을 함축한다.

⑩ It has a negative connotation.
- 그것은 부정적인 어감이 있다.

out

(ad), (prep) 밖으로, 떨어져
* '더 큰', '밖'이라는 의미 부여

1 **outside** [아웃사이드] **n** 겉, 바깥쪽 **a** 겉면의
out 밖 + side 측면

2 **outdoor** [아웃도어] **a** 옥외[야외]의
out 밖 + door 문

3 **outgoing** [아웃고잉] **a** 외향적인
out 밖 + going ~에 다니는

4 **outline** [아웃라인] **v** 윤곽을 말하다
out 밖 + line 선을 긋다

5 **outdo** [아웃두] **v** 능가하다
out 밖 + do 하다

6 **outnumber** [아웃넘버] **v** 수적으로 우세하다
out 밖 + number 번호를 매기다

7 **outbreak** [아웃브레이크] **n** 발생, 발발
out 밖 + break 깨다

8 **outstanding** [아웃스탠딩] **a** 걸출한, 뛰어난, 두드러지는
out 밖 + standing 서 있는

9 **outrun** [아웃런] **v** 더 빨리 달리다, 넘어서다
out 밖 + run 달리다

10 **outlook** [아웃룩] **n** 세계관, 관점
out 밖 + look 보다

① I will call you back. I am outside.
  – 제가 다시 전화할게요. 지금 밖이에요.

② I prefer outdoor activities.
  – 저는 옥외 활동을 선호합니다.

③ My friends are all outgoing.
  – 저의 친구들은 모두 외향적입니다.

④ I am going to outline the project.
  – 저는 프로젝트의 개요를 말하겠습니다.

⑤ No one can outdo God.
  – 아무도 신을 능가할 수 없다.

⑥ Han Chinese outnumber other minorities.
  – 한족은 다른 소수민족보다 많다.

⑦ The outbreak of the war made me cry.
  – 전쟁의 발발은 나를 울게 만들었다.

⑧ Paul is an outstanding lawyer.
  – 폴은 뛰어난 변호사이다.

⑨ No player can outrun Jack.
  – 어떤 선수도 잭을 넘어서지 못한다.

⑩ Change your dark outlook on life.
  – 너의 인생에 대한 어두운 관점을 바꿔라.

over   (ad) 위에, 넘어서, 끝나서
*'넘어서', '위에서'라는 의미 부여

1 **overseas** [오버씨즈] (a) 해외의 (ad) 해외로
over 넘어서 + sea 바다

2 **oversleep** [오버슬립] (V) 늦잠 자다
over 넘어서 + sleep 잠자다

3 **overweight** [오버웨잇] (a) 과체중의, 비만의
over 넘어서 + weight 무게

4 **overwork** [오버워크] (V) 과로하다 (n) 과로, 혹사
over 넘어서 + work 일하다

5 **overpower** [오버파워] (V) 제압하다
over 넘어서 + power ~에 동력을 공급하다

6 **overall** [오버롤] (a) 종합적인 (ad) 종합적으로, 전부
over 넘어서 + all 모든

7 **overflow** [오버플로우] (V) 넘치다
over 넘어서 + flow 흐르다

8 **overhead** [오버해드] (ad) 머리 위에
over 위에서 + head 머리

9 **overhear** [오버히얼] (V) 우연히 듣다
over 넘어서 + hear 듣다

10 **overlook** [오버룩] (V) 간과하다
over 넘어서 + look 보다

활용어휘

① **They became more famous** overseas.
- 그들은 해외에서 더 유명해졌다.

② **I can't believe she** overslept.
- 그녀가 늦잠을 자다니 난 믿을 수가 없다.

③ **You don't want to be** overweight.
- 당신은 과체중이 되기를 원치 않습니다.

④ **He passed out due to the** overwork.
- 그는 과로로 기절했다.

⑤ **The police** overpowered **the thief.**
- 그 경찰은 도둑을 제압했다.

⑥ Overall, **his performance is outstanding.**
- 종합적으로, 그의 실적은 두드러진다.

⑦ **The** overflowing **power surprised everyone.**
- 넘치는 힘이 모두를 놀라게 했다.

⑧ **The bird will fly** overhead **soon.**
- 그 새는 곧 머리 위로 날아갈 것이다.

⑨ **I** overheard **her conversation with him.**
- 나는 그녀와 그의 대화를 우연히 들었다.

⑩ **I cannot** overlook **this mistake.**
- 나는 이 실수를 간과할 수 없다.

part

ⓝ 파트, 부분
* '분배', '나눔', '부분'이라는 의미 부여

❶ 활용 어휘

① **party** [파티] **ⓝ 파티**
part 나눔 + y

② **partly** [파틀리] **ad 부분적으로**
part 부분 + ly

③ **partner** [파트너] **ⓝ 파트너, 동료**
part 분배 + ner

④ **participate** [파티시페잇] **ⓥ 참여하다**
part 나눔 + icipate

⑤ **participation** [파티시페이션] **ⓝ 참여, 출석**
participate 참여하다 + (t)ion

⑥ **partial** [파셜] **ⓐ 부분적인**
part 부분 + ial

⑦ **particle** [파티클] **ⓝ 입자, 미립자**
part 부분 + ticle

⑧ **apart** [어팔트] **ad 떨어져**
a ~쪽에 + part 부분

⑨ **depart** [디팔트] **ⓥ 출발하다, 떠나다**
de ~에서(부터) + part 부분

⑩ **compartment** [컴팔트먼트] **ⓝ 물품 보관용 칸**
com + part 부분 + ment

① **You throw a party every week.**
　– 너는 매주 파티를 연다.

② **I understand it partly.**
　– 나는 그것을 부분적으로 이해한다.

③ **He used to be my partner.**
　– 그는 나의 동료였다.

④ **John will participate in the meeting.**
　– 존은 그 모임에 참여할 것이다.

⑤ **Participation is important in the course.**
　– 그 수업에서 출석은 중요하다.

⑥ **His intervention has a partial effect.**
　– 그의 간섭은 부분적인 효과가 있다.

⑦ **Let me talk about this particle.**
　– 이 미립자에 대해 이야기하겠습니다.

⑧ **We drifted apart after the accident.**
　– 그 사건 이후에 우리는 멀어졌다.

⑨ **The plane departs at 9 p.m.**
　– 그 비행기는 오후 9시에 출발한다.

⑩ **I need a compartment next to my desk.**
　– 나는 책상 옆에 서랍 칸이 필요하다.

2
활
용
문
장

port

ⓝ 항구; 컴퓨터 포트
(USB나 선을 꽂는 부분)
* 원래 단어의 뜻이나 '옮기다'라는 의미 부여

1 **airport** [에어포트] ⓝ 공항
air 항공기 + port 항구

2 **deport** [디포트] ⓥ 강제 추방하다
de 떨어진 + port 옮기다

3 **export** [엑스포트] ⓥ 수출하다
ex 밖으로 + port 옮기다

4 **import** [임포트] ⓥ 수입하다
im [in 안으로] + port 옮기다

5 **important** [임포턴트] ⓐ 중요한
import 수입하다 + ant → '수입할 만한'

6 **report** [리포트] ⓥ 보고하다
re 다시 + port 옮기다

7 **transport** [트렌스포트] ⓥ 수송하다
trans 이전, 초월 + port 옮기다

8 **sport** [스포츠] ⓝ 스포츠
s [dis 멀리] + port 옮기다

9 **portable** [포터블] ⓐ 휴대 가능한
port 옮기다 + able ~할 수 있는 → '옮길 수 있는'

10 **porter** [포터] ⓝ (공항, 호텔) 집꾼, (병원) 이동 담당자
port 옮기다 + er ~하는 사람

활용어휘

① Let's meet at the airport.
– 공항에서 만납시다.

② We need to deport him now.
– 우리는 그를 지금 추방해야 합니다.

③ Our country exports rice and fruit.
– 우리 나라는 쌀과 과일을 수출합니다.

④ They don't have to import gasoline.
– 그들은 휘발유를 수입할 필요가 없다.

⑤ What you said is very important.
– 당신이 말한 것은 정말 중요합니다.

⑥ I will report in two weeks.
– 저는 2주 후에 보고할 것입니다.

⑦ His luggage was transported by sea.
– 그의 짐은 바다로 수송되었다.

⑧ I don't think it is a sport.
– 저는 이것이 스포츠가 아니라고 생각해요.

⑨ She has a portable computer.
– 그녀는 휴대 가능한 컴퓨터가 있습니다.

⑩ A porter helped me at the airport.
– 공항의 한 짐꾼이 저를 도와 주셨습니다.

2
활용문장

pose

ⓝ 포즈, 자세 ⓥ 자세를 취하다
* pos(e): '놓다(위치하게 하다)'라는
의미 부여

1 **position** [포지션] ⓝ 위치, 자리
pos(e) 놓다 + tion

2 **propose** [프로포즈] ⓥ 제안하다, 청혼하다
pro 앞으로 + pose 놓다

3 **oppose** [어포우즈] ⓥ 반대하다
op 반대 + pose 놓다

4 **compose** [컴포우즈] ⓥ 작곡하다, 구성하다
com 함께 + pose 놓다

5 **expose** [익스포우즈] ⓥ 드러내다, 노출시키다
ex 밖으로 + pose 놓다

6 **suppose** [서포우즈] ⓥ 가정하다
sub 아래에 + pose 놓다

7 **impose** [임포우즈] ⓥ 강요하다, 부과하다
im 안에 + pose 놓다

8 **component** [컴포넌트] ⓝ 구성요소
compose 구성하다 + nent

9 **proponent** [프로포넌트] ⓝ 지지자
propose 제안하다 + nent

10 **opponent** [어포넌트] ⓝ 반대자
oppose 반대하다 + nent

① I am not in a position to say that.
　– 나는 그 말을 할 위치가 아니다.

② He proposed that we go to the party.
　– 그는 우리가 그 파티에 갈 것을 제안했다.

③ I oppose the law he suggested.
　– 나는 그가 제안한 법을 반대한다.

④ It takes time to compose a song.
　– 곡을 작곡하는 데는 시간이 걸린다.

⑤ I was exposed to two languages as a child.
　– 나는 어렸을 때 두 언어에 노출되었다.

⑥ I suppose the test was easy.
　– 나는 그 시험이 쉬웠다고 가정한다.

⑦ They started imposing taxes to him.
　– 그들은 그에게 세금을 강요하기 시작했다.

⑧ What is the component of this thing?
　– 이것의 구성요소는 무엇입니까?

⑨ Paul is a proponent of studying abroad.
　– 폴은 유학의 지지자이다.

⑩ Kim is an opponent of the government.
　– 김 씨는 정부의 반대자이다.

2 활용 문장

psycho

Ⓝ 정신병자
* '정신', '심리'라는 의미 부여

❶ 활용 어휘

① **psych** [사이크] Ⓥ ~에 마음의 준비를 시키다, 겁나게 하다
psych 정신

② **psyche** [사이키] Ⓝ 정신, 심령, 마음
psych 정신 + e

③ **psychic** [사이킥] ⓐ 심령의, 초자연적인 Ⓝ 심령술사
psych 정신 + ic

④ **psychiatry** [사이키아츄리] Ⓝ 정신의학, 정신과학
psych 정신 + iatry

⑤ **psychiatrist** [사이키아츄리스트] Ⓝ 정신과 의사
psych 정신 + iatrist

⑥ **psychology** [사이컬러지] Ⓝ 심리학
psycho 정신 + logy 학문

⑦ **psychologist** [사이컬러지스트] Ⓝ 심리학자
psycho 정신 + logist 학자

⑧ **psychologically** [사이컬러지커리] ⓐⓓ 심리학적으로
psycho 정신 + logically 학문적으로

⑨ **psychopath** [사이코패스] Ⓝ 사이코패스
psycho 정신 + path(os) 고통

⑩ **psychotherapy** [사이코떼러피] Ⓝ 정신치료, 심리치료
psycho 정신 + therapy 치료

① I psyched myself up to sing for her.
- 나는 그녀를 위해 노래하기 위해 진정했다.

② I like to learn about human psyche.
- 나는 사람의 정신을 배우는 것을 좋아한다.

③ I am going to see a psychic tomorrow.
- 나는 내일 심령술사를 보러 갈 것이다.

④ My major used to be psychiatry.
- 나의 전공은 정신의학이었다.

⑤ My dream is to be a psychiatrist.
- 나의 꿈은 정신과 의사이다.

⑥ My nephew is studying psychology.
- 내 조카는 심리학을 공부하고 있다.

⑦ This book is written by a psychologist.
- 이 책은 심리학자에 의해 쓰여졌다.

⑧ Psychologically, he is insane.
- 심리학적으로 그는 제정신이 아니다.

⑨ I don't like this psychopath.
- 나는 이 사이코패스를 안 좋아한다.

⑩ Psychotherapy is a good treatment.
- 정신치료는 좋은 치료법이다.

활용문장 ❷

script

ⓝ (연극, 영화, 방송 등의) 대본, 글
* scrib/scrip: '쓰다'라는 의미 부여

❶
활
용
어
휘

1 scriptwriter [스크립라이터] ⓝ 시나리오 작가
script 대본 + writer 작가

2 typescript [타입스크립트] ⓝ 타자기로 친 문서
type 타자기로 치다 + script 글

3 transcript [트랜스크립트] ⓝ 글로 옮긴 기록, 성적증명서
trans 이전, 변화 + script 글

4 manuscript [매뉴스크립트] ⓝ 원고
manu 손 + script 쓰다

5 circumscribe [설컴스크라입] ⓥ 제한[억제]하다
circum 둘러서 + script 쓰다

6 postscript [포스트스크립트] ⓝ 추신, 후기
post 후에 + script 쓰다

7 describe [디스크라입] ⓥ 말하다, 묘사하다
de 아래로 + script 쓰다

8 inscribe [인스크라입] ⓥ 새기다, 쓰다
in 안으로 + script 쓰다

9 subscribe [섭스크라입] ⓥ 가입하다, 구독하다
sub 아래에서 + script 쓰다

10 prescribe [프리스크라입] ⓥ 처방하다, 처방전을 쓰다
pre 이전에 + script 쓰다

① My dream is to be a scriptwriter.
　– 저의 꿈은 시나리오 작가가 되는 것입니다.

② I removed an error from the typescript.
　– 나는 타자기로 친 문서에서 실수를 지웠다.

③ I need to submit my transcript soon.
　– 나는 곧 내 성적증명서를 제출해야 한다.

④ It's my first draft of the manuscript.
　– 이것은 내 원고의 초본이다.

⑤ I will circumscribe market forces.
　– 나는 시장의 힘을 제한할 것이다.

⑥ I have read the postscript.
　– 나는 후기를 읽었다.

⑦ Could you describe what happened?
　– 무슨 일이 일어났는지 묘사해 줄래?

⑧ His name is inscribed on the memorial.
　– 그의 이름은 기념비에 새겨져 있다.

⑨ I will subscribe to your channel.
　– 나는 너의 채널을 구독할 것이다.

⑩ I will prescribe you special vitamins.
　– 나는 너에게 특별한 비타민을 처방하겠다.

2
활
용
문
장

sense

@ 센스, 감각

* sens/sent: '느낌'이라는 의미 부여

1 **sentiment** [센티먼트] @ 정서, 감정

sent 느낌 + iment

2 **sentimental** [센티멘탈] @ 정서적인, 감정적인

sentiment 정서, 감정 + al

3 **sentimentalize** [센티멘탈라이즈] @ 감상적으로 다루다

sentiment 정서, 감정 + alize

4 **sensation** [센세이션] @ 느낌, 감각

sens 느낌 + ation

5 **sensational** [센세이셔널] @ 선풍적인

sensation 느낌, 감각 + al

6 **sensitive** [센서티브] @ 민감한

sens 감각 + itive

7 **sensitivity** [센서티비티] @ 세심함, 민감함

sensitive 민감한 + ity

8 **senseless** [센스리스] @ 무의미한, 의식이 없는

sense 감각 + less 없는

9 **consent** [콘센트] @ 동의하다

con 함께 + sent 느낌

10 **assent** [어센트] @ 찬성하다

as 향하다 + sent 느낌

① **There is no room for** sentiment **here.**
– 여기는 감정이 있을 자리가 없습니다.

② **I love to listen to** sentimental **songs.**
– 나는 감성적인 노래를 듣는 것을 정말 좋아한다.

③ **The book** sentimentalizes **his past.**
– 그 책은 그의 과거를 감성적으로 다룬다.

④ **He felt an odd** sensation **on his face.**
– 그는 얼굴에 이상한 느낌을 받았다.

⑤ **It is a** sensational **scandal.**
– 그것은 선풍적인 스캔들이다.

⑥ **He** is sensitive **to others' opinions.**
– 그는 다른 이들의 의견에 민감하다.

⑦ **He has an incredible musical** sensitivity.
– 그는 믿기 힘든 음악적 민감함이 있다.

⑧ **Don't drink** senseless.
– 의식이 없을 때까지 마시지 마라.

⑨ **You need to sign the** consent **form.**
– 너는 동의서에 서명해야 한다.

⑩ **They** assented **to his idea.**
– 그들은 그의 생각에 찬성했다.

serve

Ⓥ 제공하다, 섬기다
* '구하다'라는 의미 부여

1 **server** [서버] ⓝ (식당) 웨이터, 운동에서 서브하는 사람
serve 구하다 + (e)r

2 **serving** [서빙] ⓝ 봉사, 접대
serve 구하다 + ing

3 **service** [서비스] ⓝ 서비스
serve 구하다 + ice

4 **servant** [설번트] ⓝ 하인, 종
serve 구하다 + ant

5 **self-serving** [셀프서빙] ⓐ 자기 잇속만 차리는
self 자신 + serve 구하다

6 **reserve** [리설브] Ⓥ 예약하다
re 다시 + serve 구하다

7 **preserve** [프리절브] Ⓥ 지키다, 보호하다
pre 우선 + serve 구하다

8 **conserve** [콘설브] Ⓥ 아끼다, 보존하다
con 강조 + serve 구하다

9 **observe** [옵절브] Ⓥ 관찰하다
ob 향해서 + serve 구하다

10 **subserve** [섭설브] Ⓥ 거들다, 돕다
sub 아래서 + serve 구하다

① I am working as a server.
- 나는 웨이터로 일하고 있다.

② Serving is so valuable.
- 봉사는 정말 가치가 있다.

③ The service at the hotel was great.
- 그 호텔의 서비스는 훌륭했다.

④ You are a servant of the king.
- 너는 왕의 하인이다.

⑤ Self-serving people are selfish.
- 자기 잇속만 차리는 사람들은 이기적이다.

⑥ I will reserve a room for them.
- 나는 그들을 위해 방을 예약할 것이다.

⑦ Human beings need to preserve nature.
- 인간은 자연을 보존할 필요가 있다.

⑧ This helps you conserve energy.
- 이것은 너가 에너지 보존하는 것을 돕는다.

⑨ He observed my class last night.
- 그는 어제 밤에 나의 수업을 관찰했다.

⑩ We want to subserve that purpose.
- 우리는 그 목적을 거드는 것을 원한다.

sight

⒩ 보기, 광경
* '보다', '광경'이라는 의미 부여

① **insight** [인사이트] ⒩ 이해, 통찰력
  in 안 + sight 보다

② **foresight** [포사이트] ⒩ 예지력, 선견지명
  fore 앞 + sight 보다

③ **eyesight** [아이사이트] ⒩ 시력
  eye 눈 + sight 보다

④ **oversight** [오버사이트] ⒩ 실수, 간과
  over 위로 + sight 보다

⑤ **sightsee** [사이트씨] ⓥ 관광[여행]하다
  sight 광경 + see 보다

⑥ **sightseeing** [사이트씨잉] ⒩ 관광
  sightsee 관광하다 + ing

⑦ **hindsight** [하인드사이트] ⒩ 사정을 알게 됨, 뒤늦은 깨달음
  hind 뒤의 + sight 보다

⑧ **near-sighted** [니어사이티드] ⓐ 근시의
  near 가까운 + sight 보다 + ed

⑨ **short-sighted** [숄트사이티드] ⓐ 선견지명 없는, 근시의
  short 짧은 + sight 보다 + ed

⑩ **long-sighted** [롱사이티드] ⓐ 원시의
  long 긴 + sight 보다 + ed

①
활용어휘

① **Your book gave me a great** insight.
– 너의 책은 저에게 큰 통찰력을 주었다.

② **His political** foresight **saved us.**
– 그의 정치적 선견지명은 우리를 구했다.

③ **His** eyesight **is failing.**
– 그의 시력은 나빠지고 있다.

④ **It was an** oversight **on my part.**
– 그것은 저의 실수였습니다.

⑤ **I went to London** to sightsee.
– 나는 관광 여행을 하러 런던에 갔다.

⑥ **Do you know any** sightseeing **place here?**
– 여기 아는 관광지가 있나요?

⑦ In hindsight, **I realized I was wrong.**
– 지나고 보니 내가 잘못이었다는 걸 알았다.

⑧ **Ten percent of people** are near-sighted.
– 10퍼센트의 사람이 근시입니다.

⑨ **I** was **too** short-sighted **back then.**
– 그때 내가 너무 선견지명이 없었어요.

⑩ **My son is** long-sighted.
– 제 아들은 원시가 있어요.

2 활용문장

83

sign

ⓝ 조짐 ⓥ 서명하다
* '표시(하다)', '서명(하다)',
'조짐'이라는 의미 부여

❶ 활용어휘

1 **signal** [시그널] ⓝ 신호 ⓥ 신호를 부르다
sign 표시 + al

2 **signify** [시그니파이] ⓥ 의미하다, 중요하다
sign 표시 + ify

3 **signature** [시그니쳐] ⓝ 서명
sign 서명(하다) + ature

4 **significant** [시그니피컨트] ⓐ 중요한
signify 중요하다 + icant

5 **insignificant** [인시그니피컨트] ⓐ 중요하지 않은
in 반대 + significant 중요한

6 **design** [디자인] ⓝ 디자인 ⓥ 디자인[설계]하다
de 밖으로 + sign 표시(하다)

7 **designer** [디자이너] ⓝ 디자이너
design 디자인하다 + er

8 **assign** [어사인] ⓥ 맡기다, 선임하다
a ~에게 + sign 서명(하다)

9 **consign** [컨사인] ⓥ 위탁하다
con 함께 + sign 서명(하다)

10 **resign** [리사인] ⓥ 사임하다
re 다시 + sign 서명(하다)

① **Read after I** signal.
 – 내가 신호한 후에 읽어.

② **His nodding** signifies **he agrees.**
 – 그의 고개 끄덕임은 동의함을 의미한다.

③ **Can you put your** signature **on the paper?**
 – 종이에 서명해주실 수 있어요?

④ **That is a** significant **finding.**
 – 그것은 중요한 발견입니다.

⑤ **You made me feel** insignificant.
 – 너는 내가 중요하지 않다고 느끼게 했다.

⑥ **The** design **of these pants lacks unity.**
 – 이 바지의 디자인은 통일성이 부족하다.

⑦ **I am hired as a** designer.
 – 나는 디자이너로 고용됐다.

⑧ **I will** assign **you to three tasks.**
 – 나는 너에게 세 가지 일을 맡길 것이다.

⑨ **Don't** consign **this money to anyone.**
 – 이 돈을 누구에게도 위탁하지 마세요.

⑩ **He** resigned **rich.**
 – 그는 부자가 된 상태로 사임했다.

some

ⓐ 조금의, 몇몇의
* '(전체 중) 일부, 어떤'의 의미 부여

① **somehow** [썸하우] **ad** 어떻게든, 왜 그런지, 왠지
some 일부, 어떤 + how 어떻게

② **somewhat** [썸왓] **ad** 어느 정도, 약간, 다소
some 일부, 어떤 + what 어떤

③ **sometimes** [썸타임즈] **ad** 때때로, 가끔
some 일부, 어떤 + time(s) 때(번)

④ **something** [썸띵] **n** 어떤 것(일), 무엇, 중요한 것(일)
some 일부, 어떤 + thing 것

⑤ **someone** [썸원] 어떤 사람, 누구, 중요한 사람
some 일부, 어떤 + one 사람

⑥ **somewhere** [썸웨얼] **ad** 어딘가에(에서/에로)
some 일부, 어떤 + where 어디

⑦ **sometime** [썸타임] **ad** 언젠가, 한 때 …였던
some 일부, 어떤 + time 시간

⑧ **somebody** [썸바디] **n** 어떤 사람, 누군가, 아무개
some 일부, 어떤 + body 몸

⑨ **someday** [썸데이] (미래의) 언젠가
some 일부, 어떤 + day 날

⑩ **somewise** [썸와이즈] **ad** 어떻게든 해서 (고어)
some 일부, 어떤 + wise 방식

1
활
용
어
휘

① She somehow managed to find it.
 – 그녀는 어떻게든 그것을 찾을 수 있었다.

② He has a somewhat sad story.
 – 그는 다소 슬픈 이야기가 있다.

③ Sometimes, I go to the gym.
 – 가끔 나는 헬스장에 간다.

④ Something big and beautiful is coming up.
 – 매우 크고 아름다운 것이 오고 있다.

⑤ Someone visited your house.
 – 누군가 당신의 집을 방문했다.

⑥ You will find him somewhere.
 – 너는 어딘가에서 그를 찾을 것이다.

⑦ They should get together sometime.
 – 그들은 언젠가 모여야 한다.

⑧ Somebody must go to the university.
 – 누군가는 그 대학교에 가야한다.

⑨ Someday, I will buy the car.
 – 언젠가 나는 그 차를 살 것이다.

⑩ The problems will be in somewise solved.
 – 그 문제들은 어떻게 해서든 해결될 것이다.

❷ 활용문장

some

* 단어 뒤에 붙어 '~하는 경향이 있는'이라는 의미 부여

1 **bothersome** [바덜썸] ⓐ **성가신**
  bother 괴롭히다 + some ~하는 경향이 있는

2 **gruesome** [그루썸] ⓐ **소름끼치는**
  grue 몸서리, 전율 + some ~하는 경향이 있는

3 **burdensome** [벌든썸] ⓐ **짐스러운**
  burden 짐 + some ~하는 경향이 있는

4 **fearsome** [피어썸] ⓐ **무시무시한**
  fear 두려움 + some ~하는 경향이 있는

5 **wholesome** [홀썸] ⓐ **건전한**
  whole 온전한 + some ~하는 경향이 있는

6 **tiresome** [타이얼썸] ⓐ **짜증스러운, 귀찮은**
  tire 피곤하게 하다 + some ~하는 경향이 있는

7 **lonesome** [론썸] ⓐ **외로운, 허전한**
  lone 혼자인, 단독의 + some ~하는 경향이 있는

8 **adventuresome** [어드벤쳐썸] ⓐ **모험심 있는**
  adventure 모험 + some ~하는 경향이 있는

9 **meddlesome** [메들썸] ⓐ **참견하길 좋아하는**
  meddle 간섭하다 + some ~하는 경향이 있는

10 **awesome** [아썸] ⓐ **어마어마한, 경탄할 만한**
  awe 경외 + some ~하는 경향이 있는

1 활용어휘

① It is bothersome to be here.
  – 여기 있는 것은 성가시다.

② That is a gruesome story.
  – 그것은 소름끼치는 이야기다.

③ Stop! That is burdensome for me.
  – 그만해! 그건 나에게 짐스러워.

④ The soldier fought with a fearsome lion.
  – 그 군인은 무시무시한 사자와 싸웠다.

⑤ The boy is very wholesome.
  – 그 소년은 정말 건전하다.

⑥ The game is getting tiresome.
  – 그 게임은 귀찮아지고 있다.

⑦ She felt lonesome that day.
  – 그녀는 그날 외로움을 느꼈다.

⑧ I like adventuresome guys.
  – 나는 모험심있는 소년들을 좋아한다.

⑨ My neighbor is so meddlesome.
  – 내 이웃은 정말 참견하길 좋아한다.

⑩ This mountain is awesome.
  – 이 산은 경탄할 만하다.

step

ⓝ (발)걸음, 걸음걸이 ⓥ 움직이다
* '걸음', '재혼으로 형성된'이라는 의미 부여

❶ 활용어휘

① footstep [풋스텝] ⓝ **발자국, 발소리**
  foot 발 + step 걸음

② doorstep [도어스텝] ⓝ **문간, 문 바로 앞**
  door 문 + step 걸음

③ misstep [미스스텝] ⓝ **잘못된 조치, 실수**
  mis 잘못 + step 걸음

④ sidestep [사이드스텝] ⓥ **회피하다**
  side 옆 + step 걸음

⑤ overstep [오버스텝] ⓥ **넘다**
  over 위로 + step 걸음

⑥ stepfather [스텝파더] ⓝ **의붓아버지**
  step 재혼으로 형성된 + father 아버지

⑦ stepmother [스텝마더] ⓝ **의붓어머니**
  step 재혼으로 형성된 + mother 어머니

⑧ stepson [스텝썬] ⓝ **의붓아들**
  step 재혼으로 형성된 + son 아들

⑨ stepdaughter [스텝다우러] ⓝ **의붓딸**
  step 재혼으로 형성된 + daughter 딸

⑩ step by step [스텝바이스텝] **한 걸음 한 걸음, 차근차근**
  step 걸음 + by + step 걸음

① **He can recognize even your** footstep.
   – 그는 너의 발소리도 알 수 있다.

② **He is waiting on the** doorstep.
   – 그는 문간에서 기다리고 있다.

③ **Your** misstep **caused thousands of deaths.**
   – 너의 실수는 수천 명의 사망을 야기했다.

④ **Don't try to** sidestep **this issue.**
   – 이 문제를 회피하려 하지 말아라.

⑤ **He often** oversteps **my authority.**
   – 그는 자주 나의 권한을 넘는다.

⑥ **My** stepfather **is a doctor.**
   – 나의 의붓아버지는 의사이다.

⑦ **I will visit you with my** stepmother.
   – 저는 의붓어머니와 당신을 방문하겠습니다.

⑧ **My** stepson **is rebellious.**
   – 저의 의붓아들은 반항적입니다.

⑨ **Where is my** stepdaughter?
   – 저의 의붓딸이 어디에 있죠?

⑩ **I will explain it to you** step by step.
   – 당신에게 그것을 차근차근 설명하겠습니다.

❷ 활용 문장

91

super

@ 대단한, 굉장히 좋은
* '넘어서는'이라는 의미 부여

❶
활
용
어
휘

1 **superman** [슈퍼맨] **n** **슈퍼맨**
super 넘어서는 + man 사람

2 **superwoman** [슈퍼우먼] **n** **슈퍼우먼**
super 넘어서는 + woman 여자

3 **superstar** [슈퍼스타] **n** **슈퍼 스타**
super 넘어서는 + star 스타, 별

4 **superhero** [슈퍼히어로] **n** **슈퍼 히어로**
super 넘어서는 + hero 영웅

5 **superpower** [슈퍼파워] **n** **슈퍼파워, 초능력**
super 넘어서는 + power 힘

6 **supercomputer** [슈퍼컴퓨터] **n** **슈퍼 컴퓨터**
super 넘어서는 + computer 컴퓨터

7 **superior** [수피어리얼] **a** **우월한**
super 넘어서는 + ior

8 **supernatural** [수퍼네츄럴] **a** **초자연적인**
super 넘어서는 + natural 자연적인

9 **supervise** [슈퍼바이즈] **v** **감독[지도]하다**
super 넘어서는 + vise 보다

10 **superficial** [수펄피셜] **a** **피상적인**
super 넘어서는 + ficial 표면

① The superman appeared in the city.
– 슈퍼맨이 그 도시에 나타났다.

② She is a superwoman.
– 그녀는 슈퍼우먼이다.

③ The boy became a superstar.
– 그 소년은 슈퍼 스타가 되었다.

④ I admire superheroes.
– 나는 슈퍼 히어로를 동경한다.

⑤ Children want to have a superpower.
– 아이들은 초능력을 갖기를 원한다.

⑥ This small device is a supercomputer.
– 이 작은 장치는 슈퍼 컴퓨터이다.

⑦ Bill thinks he is superior to his rival.
– 빌은 그가 그의 경쟁자보다 우월하다고 생각한다.

⑧ James has a supernatural power.
– 제임스는 초자연적인 힘을 갖고 있다.

⑨ Could you supervise me on this matter?
– 이 문제에 대해 저를 지도해 주실 수 있나요?

⑩ People here are superficial.
– 여기 사람들은 피상적이다.

text

ⓝ (책의) 본문 ⓥ 문자를 보내다
* 원래 단어의 뜻이나
'짜다(엮다)'라는 의미 부여

① 활용 어휘

①　texting [텍스팅] ⓝ **문자 주고 받기**
　text 문자를 보내다 + ing

②　textile [텍스타일] ⓝ **직물, 옷감**
　text 짜다 + ile

③　textual [텍스츄얼] ⓐ **원문, 본문의**
　text 본문 + ual

④　texture [텍스쳘] ⓝ **감촉**
　text 짜다 + ure

⑤　text neck [텍스트넥] **거북목 증후군** (스마트폰, 컴퓨터 등의 장시간 사용으로 인해 목이 거북처럼 앞으로 구부러지는 증상)
　text 문자를 보내다 + neck 목

⑥　context [콘텍스트] ⓝ **맥락, 전후사정**
　con 함께 + text 짜다

⑦　pretext [프리텍스트] ⓝ **구실, 핑계**
　pre 미리 + text 짜다

⑧　subtext [섭텍스트] ⓝ **숨은 의미**
　sub 아래에 + text 본문

⑨　e-text [이텍스트] ⓝ **전자 텍스트, 전자 본문**
　e(electronic) 전자의 + text 본문

⑩　textbook [텍스트북] ⓝ **교과서**
　text 짜다 + book 책

① Texting is not forbidden in class.
- 수업 중에 문자 주고 받는 것은 금지다.

② I am a textile manufacturer.
- 나는 방직업자이다.

③ I am doing a textual analysis.
- 나는 원문 분석을 하고 있다.

④ They are so different in texture.
- 그것들은 감촉이 너무 다르다.

⑤ Text neck can cause pain in your shoulders.
- 거북목은 너의 어깨에 통증을 유발할 수 있다.

⑥ We need to take the contexts into account.
- 우리는 맥락을 고려해야 한다.

⑦ That is just a pretext.
- 그건 핑계에 불과하다.

⑧ The subtext of the novel is shocking.
- 그 소설의 숨은 의미는 충격적이다.

⑨ I like to read e-text at night.
- 나는 밤에 전자 본문을 읽는 걸 좋아한다.

⑩ You need to check out your textbook.
- 너는 네 교과서를 확인해 볼 필요가 있다.

2 활용 문장

time

ⓝ 시간, 때[번]
* '시간'이라는 의미 부여

1 **timely** [타임리] **ⓐ 시기적절한**
time 시간 + ly

2 **on time** [온타임] **시간을 맞춘, 정각에**
on ~에 + time 시간

3 **timetable** [타임테이블] **ⓝ 시간표**
time 시간 + table 표

4 **overtime** [오버타임] **ⓝ 초과근무 ⓐ 시간 외의, 초과 근무의**
over 넘어선 + time 시간

5 **timer** [타이머] **ⓝ 타이머, 시간 기록기**
time 시간 + r

6 **timeline** [타임라인] **ⓝ 연대표**
time 시간 + line 선

7 **timeless** [타임리스] **ⓐ 시간에 한정되지 않는**
time 시간 + less 없는

8 **daytime** [데이타임] **ⓝ 낮, 주간**
day 낮 + time 시간

9 **nighttime** [나잇타임] **ⓝ 밤, 야간**
night 밤 + time 시간

10 **time machine** [타임머신] **타임머신**
time 시간 + machine 기계

① 활용어휘

① He finished it in a timely fashion.
 – 그는 시기 적절하게 그것을 끝냈다.

② I arrived right on time.
 – 그는 시간에 딱 맞춰서 도착했다.

③ Send me your timetable tomorrow.
 – 내일 당신의 시간표를 주세요.

④ You will receive your overtime rate.
 – 당신은 초과근무 수당을 받을 것입니다.

⑤ Your timer is so extravagant.
 – 당신의 타이머는 정말 화려하네요.

⑥ I will provide a timeline of these movies.
 – 이 영화들의 연대표를 제공해드리겠습니다.

⑦ God is timeless.
 – 신은 시간에 한정되지 않는다.

⑧ During the daytime, it's very hot here.
 – 낮에 여기는 정말 더워요.

⑨ The predators hunt in the nighttime.
 – 그 포식자들은 야간에 사냥을 한다.

⑩ Who can invent a time machine?
 – 누가 타임머신을 만들 수 있나요?

touch

ⓥ 만지다, 닿다
* '접촉'이라는 의미 부여

① 활용어휘

① **touchable** [터쳐블] ⓐ 만질 수 있는
touch 접촉 + able 할 수 있는

② **untouchable** [언터쳐블] ⓐ 만질 수 없는, 비판할 수 없는
un 부정 + touchable 마질 수 있는

③ **touching** [터칭] ⓐ 감동적인
touch 접촉 + ing

④ **touching story** [터칭스토리] 감동적인 이야기
touch 접촉 + story 이야기

⑤ **mistouch** [미스터치] ⓝ 잘못 만짐
mis 잘못 + touch 접촉

⑥ **touch down** [터치다운] 착륙하다
touch 접촉 + down 아래로

⑦ **touchy** [터치] ⓐ 화를 잘 내는
touch 접촉 + y

⑧ **toucher** [터쳐] ⓝ 만지는 사람, 위기일발
touch 접촉 + er

⑨ **touchpad** [터치패드] ⓝ 터치 패드
touch 접촉 + pad 패드

⑩ **retouch** [리터치] ⓥ 수정하다
re 다시 + touch 접촉

① **This TV is not** touchable.
　– 이 텔레비전은 만질 수가 없다.

② **His decision is** untouchable.
　– 그의 결정은 비판할 수 없다.

③ **The novel is so** touching, **that I cried.**
　– 그 소설은 너무 감동적이어서 난 울었다.

④ **What a** touching story **it is!**
　– 이것은 정말 감동적인 이야기이구나!

⑤ **Sorry about the** mistouch.
　– 잘못 만져서 미안해요.

⑥ **The plane just** touched down.
　– 비행기는 방금 착륙했어요.

⑦ **Your boyfriend is very** touchy.
　– 너의 남자친구는 정말 화를 잘 낸다.

⑧ **I hit the car as near as a** toucher.
　– 하마터면 그 차를 칠 뻔했다.

⑨ **My laptop has a** touchpad **screen.**
　– 내 노트북은 터치 패드 스크린이 있다.

⑩ **We need to** retouch **the picture.**
　– 우리는 그 그림을 수정해야 되겠다.

under

(ad) 아래에, 밑에
* '아래에', '밑에'라는 의미 부여

① 활용 어휘

1 **understand** [언더스탠드] **V** 이해하다
under 아래에 + stand 서다

2 **underground** [언더그라운드] **a** 지하의
under 아래에 + ground 땅

3 **underwater** [언더워터] **a** 물속의
under 아래에 + water 물

4 **underwear** [언더웨어] **n** 속옷
under 아래에 + wear 입다

5 **undergo** [언더고우] **V** 겪다
under 아래에 + go 가다

6 **underline** [언더라인] **V** 강조하다
under 아래에 + line 선

7 **undercooked** [언더쿡트] **a** 설익은
under 아래에 + cooked 익은

8 **underrate** [언더뤠잇] **V** 과소평가하다
under 아래에 + rate 평가하다

9 **undertake** [언더테익] **V** 착수하다, 약속하다
under 아래에 + take 가지고 가다

10 **undermine** [언더마인] **V** 기반을 약하게 하다
under 아래에 + mine 뒤엎다

① **Thank you for** understanding **me.**
 – 저를 이해해 주서서 감사합니다.

② **It has an** underground **parking lot.**
 – 그것은 지하 주차장이 있다.

③ **He invented this** underwater **drone.**
 – 그는 수중 드론을 발명했다.

④ **Humility is like** underwear.
 – 겸손은 속옷과 같다.

⑤ **We all** undergo **hardships in our lives.**
 – 우리는 삶에서 모두 고난을 겪는다.

⑥ **Please** underline **this point.**
 – 이 점을 강조해 주세요.

⑦ **The pork** is undercooked.
 – 이 돼지고기는 설익었다.

⑧ **Conversation** is underrated.
 – 대화는 과소 평가되었다.

⑨ **The detective will** undertake **a project.**
 – 그 탐정은 그 프로젝트를 착수할 것이다.

⑩ **Don't** undermine **your reputation.**
 – 너의 명성을 약화시키지 마라.

2 활용문장

up

(ad) 위, 위로, 위에
*** '위로', '높이'라는 의미 부여**

1 **update** [업데이트] **V** 갱신하다, 최신 정보를 알려주다
up 위로 + date 날짜를 적다

2 **upgrade** [업그레이드] **V** 승진시키다, 개선하다
up 위로 + grade 등급을 나누다

3 **upstage** [업스테이지] **V** ~이 받을 관심을 가로채다
up 위로 + stage 무대에 올리다

4 **upstairs** [업스테얼] **ad** 위층으로
up 위로 + stairs 층

5 **upload** [업로드] **V** 업로드하다
up 위로 + load 싣다, 적재하다

6 **uproot** [업루트] **V** 뿌리를 뽑다
up 위로 + root 뿌리를 내리다

7 **upright** [업롸잇] **a** 똑바른, 꼿꼿한
up 위로 + right 바른

8 **upcoming** [업커밍] **a** 곧 있을
up 위로 + coming 다가오는

9 **upbeat** [업비트] **a** 낙관적인
up 위로 + beat 맥박

10 **upward** [업월드] **a** 위를 향하고 있는
up 위로 + ward ~으로 향함

1 활용 어휘

① **We need** to update **the website now.**
　– 우리는 웹 사이트를 지금 갱신해야 한다.

② **The town** upgraded **the public park.**
　– 그 도시는 공원을 개선했다.

③ **Don't try** to upstage **the president.**
　– 회장이 받을 관심을 가로채지 말아라.

④ **The rooms** upstairs **are of equal size.**
　– 위층에 있는 방들은 같은 크기다.

⑤ **The teacher** uploaded **the test scores.**
　– 선생님은 성적을 업로드했다.

⑥ Let's uproot **social evils.**
　– 사회악의 뿌리를 뽑자.

⑦ **Keep the TV** upright.
　– TV를 똑바르게 유지해라.

⑧ **I look forward to the** upcoming **party.**
　– 저는 곧 있을 파티를 고대합니다.

⑨ **His tone** is **always** upbeat.
　– 그의 톤은 항상 낙관적이다.

⑩ **It resulted in the** upward **trend in sales.**
　– 그것은 판매의 상승 추세가 되었다.

vision

@ 시야, 시력
* vis/vid: '보다'라는 의미 부여

1
활
용
어
휘

1 **visa** [비자] @ 비자

vis 보다 + a → '보여져야 하는 것'

2 **visit** [비짓] @ 방문하다, 찾아가다

vis 보다 + it

3 **visible** [비저블] @ 보이는, 뚜렷한

vis 보다 + ible ~할 수 있는

4 **visual** [비주얼] @ 시각의

vis 보다 + ual

5 **vista** [비스타] @ 전망, 경치

vis 보다 + ta

6 **video** [비디오] @ 비디오, 영상

vid 보다 + eo

7 **television** [텔레비전] @ 텔레비전

tele 원거리 + vision 시력, 시야

8 **advise** [어드바이즈] @ 충고하다

ad 향하다 + vis 보다

9 **revise** [리바이즈] @ 개정하다, 수정하다

re 다시 + vis 보다

10 **envision** [인비전] @ 마음으로 바라보다, 상상하다

en 만들다 + vision 시력, 시야

① I forgot to bring my visa.
  – 나는 비자를 가지고 오는 것을 잊어버렸다.

② I will visit my grandfather tomorrow.
  – 나는 내일 할아버지를 방문할 것이다.

③ The stars are visible at night.
  – 그 별들은 밤에 보인다.

④ The visual effects are amazing.
  – 그 시각 효과는 놀랍다.

⑤ I want to see the distant vista of the island.
  – 나는 그 섬의 먼 경치를 보고 싶다.

⑥ The video store was shut down.
  – 그 비디오 가게는 문을 닫았다.

⑦ I don't watch television at all.
  – 나는 텔레비전을 전혀 보지 않는다.

⑧ He advised me not to drink alcohol.
  – 그는 나에게 알콜을 먹지 말라고 충고했다.

⑨ The CEO revised their plan.
  – 그 CEO는 그들의 계획을 수정했다.

⑩ Envision what would happen without him.
  – 그가 없으면 무슨 일이 일어날지 상상해라.

2
활
용
문
장

un

* 형용사 형태에 부정의 의미 부여

① unhappy [언해피] **ⓐ 행복하지 않은**
un 부정 + happy 행복한

② unsafe [언세이프] **ⓐ 안전하지 않은**
un 부정 + safe 안전한

③ unfriendly [언프랜들리] **ⓐ 친근하지 않은**
un 부정 + friendly 친근한

④ unnatural [언내츄럴] **ⓐ 자연스럽지 않은**
un 부정 + natural 자연스러운

⑤ unfair [언페어] **ⓐ 공평하지 않은**
un 부정 + fair 공평한

⑥ unfortunate [언폴츄네잇] **ⓐ 불운의**
un 부정 + fortunate 운이 좋은

⑦ unimportant [언임포턴트] **ⓐ 중요하지 않은**
un 부정 + important 중요한

⑧ unpopular [언파퓰러] **ⓐ 인기가 없는**
un 부정 + popular 인기 있는

⑨ unexpected [언익스펙티드] **ⓐ 예상하지 못한**
un 부정 + expected 예상한

⑩ unnecessary [언네써세리] **ⓐ 필요하지 않은**
un 부정 + necessary 필요한

❶ 활용어휘

① **You look** unhappy. **Any reasons?**
  – 너는 불행해 보여. 이유가 있니?

② **Don't go there. The area is** unsafe.
  – 거기에 가지 마. 그 지역은 안전하지 않아.

③ **Some of my neighbors are** unfriendly.
  – 내 이웃 중 몇몇은 친근하지 않다.

④ **His performance** was unnatural **yesterday.**
  – 어제 그의 연출은 자연스럽지 않았다.

⑤ **That is so** unfair.
  – 그것은 정말 공평하지 않아.

⑥ **It** is unfortunate **to sleep on the street.**
  – 거리에서 자는 것은 불운하다.

⑦ **I think this issue** is unimportant.
  – 내 생각에 이 문제는 중요하지 않다.

⑧ **This movie** was unpopular **last year.**
  – 이 영화는 작년에 인기가 없었다.

⑨ **This result** was unexpected **by us.**
  – 이 결과는 우리에게 예상되지 못했다.

⑩ **It** is unnecessary **to build a house here.**
  – 여기 집을 짓는 것은 필요하지 않다.

un

* 동사의 형태에 반대의 의미 부여

1 **uncover** [언커버] **V** 드러내다
un 반대 + cover 감추다

2 **undress** [언드레스] **V** (옷을) 벗다
un 반대 + dress 입다, 입히다

3 **untie** [언타이] **V** 풀다
un 반대 + tie 묶다

4 **unlearn** [언런] **V** 배운 것을 취소하다
un 반대 + learn 배우다

5 **unhook** [언훅] **V** 떼어 내다
un 반대 + hook 걸다

6 **unroll** [언롤] **V** 펼치다
un 반대 + roll 말다

7 **unseal** [언씰] **V** 개봉하다
un 반대 + seal 봉하다

8 **unload** [언로드] **V** 내리다
un 반대 + load 싣다

9 **unglue** [언글루] **V** 떼다
un 반대 + glue 붙이다

10 **unzip** [언집] **V** 지퍼를 열다
un 반대 + zip 지퍼를 잠그다

1 활용 어휘

① **They tried to** uncover **the secret.**
　– 그들은 그 비밀을 드러내려고 했다.

② **You can** undress **yourself after the show.**
　– 너는 공연 후에 옷을 벗을 수 있다.

③ **Can you please** untie **this ribbon for me?**
　– 저를 위해 이 리본을 풀어줄 수 있나요?

④ Unlearning **is difficult.**
　– 배운 것을 취소하는 것은 어렵다.

⑤ **Please** unhook **the clip from the mask.**
　– 마스크에서 그 클립을 떼어주세요.

⑥ **I just** unrolled **the carpet to clean up.**
　– 나는 방금 청소하기 위해 카펫을 펼쳤다.

⑦ **The government** unsealed **the document.**
　– 정부는 그 문서를 개봉했다.

⑧ **He** unloaded **the luggage from the plane.**
　– 그는 비행기에서 화물을 내렸다.

⑨ Unglue **yourself from the TV right now.**
　– 지금 당장 텔레비전에서 떨어져.

⑩ **It's hard** to unzip **a pocket on my back.**
　– 내 등 주머니 지퍼를 여는 것은 어렵다.

2 활용문장

in

1 **inside** [인사이드] **prep** ~안으로, 내부에
   in 안에 + side 측면

2 **into** [인투] **prep** ~안으로
   in 안에 + to 향하여

3 **inward** [인월드] a 마음속의, 내심의
   in 안에 + ward 방향으로 향함

4 **internal** [인터널] a 내부의
   in 안에 + ternal

5 **introduce** [인트로듀스] v 소개하다
   intro 안으로 + duce 이끌다

6 **increase** [인크리스] v 증가하다
   in 안에 + crease 자라다

7 **invade** [인베이드] v 침입하다
   in 안에 + vade 가다

8 **include** [인클루드] v 포함하다
   in 안에 + clude 닫다

9 **involve** [인볼브] v 포함하다, 수반하다
   in 안에 + volve 말다

10 **inhabit** [인해빗] v 살다
   in 안에 + havit 거주하다

1 활용어휘

① Someone is inside.
  – 누군가 안에 있다.

② Let's go into the building.
  – 건물 안으로 들어가자.

③ He went to bed with inward relief.
  – 그는 내심 안도하며 자러 갔다.

④ That is my internal struggle.
  – 그것은 나의 내부의 투쟁이다.

⑤ Let me introduce myself to you.
  – 당신에게 제 소개를 하겠습니다.

⑥ The market value has been increased.
  – 그 시장가치는 증가하고 있다.

⑦ Spain invaded the country right away.
  – 스페인은 그 나라를 바로 침입했다.

⑧ This file includes five sections.
  – 이 파일은 다섯 개의 섹션을 포함한다.

⑨ This case involves three men.
  – 이 사건은 세 남자를 포함한다.

⑩ These species inhabit this forest.
  – 이 종들은 이 숲에 산다.

활용문장

111

en

1 ensure [인슈얼] **V** 확실하게 하다, 보장하다

en ~하게 하다 + sure 확실한

2 endanger [인댄절] **V** 위험에 빠뜨리다

en ~하게 하다 + danger 위험한

3 enrich [인리치] **V** 풍요롭게 하다, 질을 높이다

en ~하게 하다 + rich 부유한, 풍부한

4 enlarge [인라지] **V** 확대하다, 크게 하다

en ~하게 하다 + large 큰, 광범위한

5 enlist [인리스트] **V** 입대시키다, 입대하다

en ~하게 하다 + list 목록, 리스트

6 enclose [인클로우즈] **V** 동봉하다, 에워싸다

en ~하게 하다 + close 닫다

7 enforce [인포스] **V** 강요하다, 집행하다

en ~하게 하다 + force 힘

8 entitle [인타이틀] **V** 자격을 주다, 제목을 붙이다

en ~하게 하다 + title 제목

9 encode [인코드] **V** 부호화하다, 암호를 바꾸다

en ~하게 하다 + code 암호, 부호

10 entail [인테일] **V** 수반하다

en ~하게 하다 + tail 꼬리

① **Ensure that the light is off.**
  – 불이 꺼진 것을 확실히 하세요.

② **This culture will endanger you.**
  – 이 문화는 너를 위험에 빠뜨릴거야.

③ **His presence enriches our lives.**
  – 그의 존재는 우리 삶을 풍요롭게 해준다.

④ **The city planned to enlarge this area.**
  – 그 도시는 이 구역을 확대할 계획을 했다.

⑤ **He enlisted for a solider.**
  – 그는 징병에 임했다.

⑥ **What is enclosed here?**
  – 여기에 무엇이 동봉되어 있나요?

⑦ **Enforcing the law doesn't make sense.**
  – 이 법을 강요하는 건 말이 안된다.

⑧ **I was entitled to study abroad.**
  – 나는 유학할 자격이 주어졌다.

⑨ **Encoding this information is tricky.**
  – 이 정보를 부호화하는 것은 곤란하다.

⑩ **It will entail your property.**
  – 이것은 너의 재산을 수반할 것이다.

2 활용문장

fore

* '앞에', '미리'라는 의미 부여

1 **forehead** [폴해드] **n** 이마
fore 앞에 + head 머리

2 **foremost** [폴모스트] **a** 맨 앞에 위치한
fore 앞에 + most 최고의

3 **foresee** [폴씨] **v** 예견하다, ~일 것이라고 생각하다
fore 앞에 + see 보다

4 **forerun** [폴륀] **v** ~ 앞에 달리다, ~에 앞서다
fore 앞에 + run 달리다

5 **forecast** [폴캐스트] **v** 예측하다 **n** 일기예보
fore 앞에 + cast 던지다

6 **foresight** [폴사이트] **n** 예지력, 선견지명
fore 앞에 + sight 보다

7 **foretell** [폴텔] **v** 예언하다
fore 앞에 + tell 말하다

8 **forefather** [폴파더] **n** 조상
fore 앞에 + father 아버지

9 **forejudge** [폴저지] **v** 미리 판단하다
fore 앞에 + judge 판단하다

10 **foreground** [폴그라운드] **n** 전경 **v** 특히 중시하다
fore 앞에 + ground 땅

① I got a bump on my forehead.
- 나는 이마에 혹이 났다.

② First and foremost, you need to do this.
- 무엇 보다도 더, 당신은 이것을 해야 한다.

③ I can foresee how it will go.
- 나는 그것이 어떻게 될지 예견할 수 있다.

④ The boy forerun me at the end.
- 그 소년은 결국 내 앞에 달렸다.

⑤ According to the forecast, it will rain.
- 일기예보에 따르면 비가 올 것이다.

⑥ She had the foresight to invest the money.
- 그녀는 선견지명으로 그 돈을 투자했다.

⑦ She will foretell your future.
- 그녀는 너의 미래를 예언할 것이다.

⑧ Stop relying on your forefather.
- 너의 조상을 의지하는 것을 그만해.

⑨ We should not forejudge others.
- 우리는 남을 미리 판단하지 말아야 한다.

⑩ The cup in the foreground is mine.
- 그 전경에 있는 컵은 나의 것이다.

neo

* '새로운'이라는 의미 부여

1 **neotype** [니오타입] **n** **신기준**
neo 새로운 + type 종류

2 **neologism** [니올로지즘] **n** **신조어**
neo 새로운 + logism

3 **neoromanticism** [니오로맨티시즘] **n** **신낭만주의**
neo 새로운 + romanticism 낭만주의

4 **neophyte** [니오파이트] **n** **초보자**
neo 새로운 + phyte 심다

5 **neonate** [니오네이트] **n** **신생아**
neo 새로운 + nate 태어난

6 **neocolonialism** [니오콜로니얼리즘] **n** **신식민주의**
neo 새로운 + colonialism 식민주의

7 **neo-imperialism** [니오임페리얼리즘] **n** **신제국주의**
neo 새로운 + imperialism 제국주의

8 **neo-classicism** [니오클래시즘] **n** **신고전주의**
neo 새로운 + classicism 고전주의

9 **neorealism** [니오릴리즘] **n** **신사실주의**
neo 새로운 + realism 사실주의

10 **neo-democracy** [니오디모크라시] **n** **신민주주의**
neo 새로운 + democracy 민주주의

1
활
용
어
휘

① **They designed a** neotype.
 – 그들은 신기준을 디자인했다.

② **This is an Internet** neologism.
 – 이것은 인터넷 신조어이다.

③ **This work is related with** neoromanticism.
 – 이 작품은 신낭만주의와 관련이 있다.

④ **Even a** neophyte **can make it.**
 – 초보자도 그것은 만들 수 있다.

⑤ **I saw a** neonate **rat.**
 – 나는 신생아 쥐를 보았다.

⑥ Neocolonialism **has just started.**
 – 신식민주의는 막 시작되었다.

⑦ **He is a victim of** neo-imperialism.
 – 그는 신제국주의의 희생자이다.

⑧ Neo-classicism **affected him.**
 – 신고전주의가 그에게 영향을 끼쳤다.

⑨ **I direct some** neorealism **films.**
 – 나는 몇몇 신사실주의 영화를 감독한다.

⑩ **We are going into** neo-democracy.
 – 우리는 신민주주의로 들어가고 있다.

para/paro

* '옆의'라는
의미 부여

1 **paradigm** [패러다임] **n** 전형적인 예, 패러다임
para 옆의 + digm 보여주다

2 **paradox** [패러독스] **n** 역설, 역설적인 것[사람]
para 옆의 + dox 의견

3 **parable** [패러블] **n** 우화
para 옆의 + ble

4 **paranoid** [패러노이드] **a** 피해 망상적인
para 옆의 + noid 마음

5 **parallel** [패럴렐] **a** 평행한, 유사한
para 옆의 + llel 다른

6 **parasite** [패러사이트] **n** 기생 동물[식물], 기생충
para 옆의 + site 음식

7 **paragraph** [패러그래프] **n** 단락, 절
para 옆의 + graph 쓰다

8 **paramount** [패러마운트] **a** 무엇보다 중요한
para 옆의 + mount 산

9 **paraphrase** [패러프레이즈] **v** 다른 말로 표현하다
para 옆의 + phrase 절

10 **parody** [패러디] **n** 패러디
para 옆의 + ody

① He is the best paradigm to copy.
- 그는 따라야 할 최고의 예다.

② My colleague is a paradox.
- 나의 동료는 역설적인 사람이다.

③ He uses parables to teach that.
- 그는 그것을 가르치려고 우화를 사용한다.

④ Don't be paranoid about what he said.
- 그가 한 말에 대해 피해 망상이 되지 마.

⑤ The parallel lines started to diverge.
- 그 평행선들은 갈라지기 시작했다.

⑥ He found the parasite.
- 그는 그 기생충을 발견했다.

⑦ The next paragraph is not understandable.
- 그 다음 단락은 이해할 수 없다.

⑧ Your safety is of paramount concern.
- 너의 안전이 무엇보다 중요한 관건이다.

⑨ Can you paraphrase it?
- 너는 그것을 다른 말로 표현할 수 있어?

⑩ It is a parody of the famous movie.
- 그것은 그 유명한 영화의 패러디야.

2 활용문장

syn/sym

1 synchronize [싱크로나이즈] **V** 동시에 발생하다
syn 동시에 + chron 시간 + ize

2 synchronization [싱크로나이제이션] **n** 동시에 하기, 동기화
synchronize 동시에 발생하다 + ation

3 symbiotic [심비오틱] **a** 공생하는
sym 동시에 + biotic 생물의

4 synthetic [신데틱] **a** 합성한, 인조의
syn 동시에 + thes 놓다 + tic

5 synthesizer [신디사이저] **n** 신디사이저 키보드, 합성기
syn 동시에 + thes 놓다 + izer

6 synonym [씨너님] **n** 동의어, 유의어
syn 동시에 + onym 이름

7 synergy [시너지] **n** 동반 상승효과
syn 동시에 + ergy 일하다

8 syndrome [신드롬] **n** 증후군
syn 동시에 + drome 달리다

9 symmetry [시메트리] **n** 대칭, 균형
sym 동시에 + metry 재다

10 symphony [심포니] **n** 교향곡
sym 동시에 + phony 소리

① They synchronized their movements.
- 그들은 동작을 같도록 했다.

② They moved in perfect synchronization.
- 그들은 완전히 동시에 움직였다.

③ It's a case of a symbiotic relationship.
- 이것은 공생 관계의 사례이다.

④ The synthetic detergent is powerful.
- 이 합성 세제는 강력하다.

⑤ The synthesizer will be sold tomorrow.
- 그 신디사이저는 내일 팔릴 것이다.

⑥ The synonym of force is power.
- 물리력의 동의어는 힘이다.

⑦ The synergy between the two is amazing.
- 둘 사이의 동반 상승효과는 놀랍다.

⑧ The syndrome has to do with coughing.
- 그 증후군은 기침과 관련이 있다.

⑨ It's a perfect symmetry I imagined.
- 그것은 내가 상상한 완벽한 대칭이다.

⑩ The symphony has finished.
- 그 교향곡은 끝났다.

❷ 활용 문장

sur

* '위에', '초월하여'라는 의미 부여

1. **surface** [설피스] n **외관, 표면**
   sur 위에 + face 겉면

2. **surpass** [설패스] v **초월하다, 능가하다**
   sur 위에 + pass 지나가다

3. **surcharge** [설차지] n **추가 요금**
   sur 위에 + charge 부과하다

4. **survive** [설바이브] v **살아남다, ~보다 오래 살다**
   sur 초월하여 + vive 살다

5. **surname** [설네임] n **성(姓)**
   sur 위에 + name 이름

6. **survey** [설베이] v **설문조사하다** n **(설문) 조사**
   sur 위에 + vey 보다

7. **surround** [서라운드] v **둘러싸다, 에워싸다**
   sur 위에 + round 돌다

8. **surveillance** [설베일런스] n **감시, 감독**
   sur 위에 + veillance 감시

9. **surmount** [설마운트] v **극복하다, 이겨내다**
   sur 위에 + mount 산

10. **surplus** [설플러스] n **과잉** a **잉여의, 과잉의**
    sur 위에 + plus 더하기

① The surface of the sea is green.
- 그 바다의 표면은 초록색이다.

② This year's income surpassed last year's.
- 올해 수익은 작년의 것을 능가했다.

③ I need to pay late-night surcharge.
- 나는 심야 추가 요금을 내야한다.

④ The guy survived the disaster.
- 그 남자는 재앙에서 살아남았다.

⑤ Her surname is Kim.
- 그녀의 성은 김이다.

⑥ I will conduct a survey this month.
- 나는 이번 달에 설문조사를 할 것이다.

⑦ The police surrounded the building.
- 경찰은 그 건물을 둘러쌌다.

⑧ He assigned her a surveillance team
- 그는 그녀를 감시팀에 배정했다.

⑨ You can surmount this difficulty.
- 너는 이 어려움을 극복할 수 있어.

⑩ The surplus cars will be exported.
- 잉여 차들은 수출될 것이다.

inter

* '사이에'라는 의미 부여

① interrupt [인터럽트] **V** 방해하다, 중단시키다
inter 사이에 + rupt 깨다

② intersect [인터섹트] **V** 가로지르다
inter 사이에 + cut 자르다

③ intervene [인터빈] **V** 간섭하다, 개입하다
inter 사이에 + vene 오다

④ international [인터내셔널] **a** 나라 간의, 국제적인
inter 사이에 + national 나라의

⑤ intercept [인터쎕트] **V** 가로막다, 가로채다
inter 사이에 + cept 받다

⑥ interchange [인터체인지] **n** 교환 **V** 교환하다
inter 사이에 + change 바꾸다

⑦ interfere [인터피어] **V** 간섭하다, 방해하다
inter 사이에 + fere 치다

⑧ interact [인터랙트] **V** 상호 작용하다
inter 사이에 + act 행동하다

⑨ interval [인터벌] **n** 간격, 틈
inter 사이에 + val 벽

⑩ interconnect [인터컨넥트] **V** 서로 연결하다
inter 사이에 + connect 연결하다

① Please don't interrupt me now.
- 지금 날 방해하지 말아줘.

② The four lines intersect at this point.
- 그 네 선들은 이 지점에서 만난다.

③ The city will intervene in the strike.
- 도시는 그 파업에 개입할 것이다.

④ I worked in many international companies.
- 나는 많은 국제 기업에서 일을 했다.

⑤ They intercepted things from Mexico.
- 그들은 멕시코에서 오는 물품을 가로챘다.

⑥ I love the interchange of creative ideas.
- 나는 창의적 생각의 교환을 좋아한다.

⑦ He always interferes me with my privacy.
- 그는 항상 나의 사생활에 간섭한다.

⑧ I need to interact with my students.
- 나는 내 학생들과 상호 작용해야 한다.

⑨ I'll have a 1-minute interval between sets.
- 나는 세트 사이에 1분씩 간격을 둘 거야.

⑩ Happiness and love are interconnected.
- 행복과 사랑은 서로 연결되어 있어.

bene

* '좋은', '선한'이라는 의미 부여

1 **benefit** [베네핏] **n** 혜택 **v** 유익하다
bene 좋은 + fit

2 **benevolent** [베네벌런트] **a** 자애로운
bene 선한 + volent 의지

3 **benevolence** [베네벌런스] **n** 자애, 선행
bene 선한 + volence 의지

4 **beneficiary** [베네피시어리] **n** 수혜자
benefit 혜택 + ciary

5 **beneficence** [베네피선스] **n** 선행, 은혜
benefit 혜택 + cence

6 **beneficial** [베네피셜] **n** 유익한, 이로운
benefit 혜택 + cial

7 **benefactor** [베네펙터] **n** 후원자
bene 좋은 + factor 하다

8 **benediction** [베네딕션] **n** 축복
bene 좋은 + diction 말

9 **beneficiate** [베네피시에잇] **v** (원석을) 선광하다
benefit 혜택 + ciate

10 **benign** [비나인] **a** 유순한, 양성의
bene 좋은 + ign 타고난

1 활용 어휘

① **What is the** benefit **of living here?**
　　- 여기서 사는 혜택이 무엇인가요?

② **I love your** benevolent **smile.**
　　- 난 너의 자애로운 웃음이 좋다.

③ **His** benevolence **enables us to stand up.**
　　- 그의 선행은 우리를 일어설 수 있게 했다.

④ **Can I change my** beneficiary **later?**
　　- 나중에 저의 수혜자를 바꿀 수 있나요?

⑤ **I am tired of his false** beneficence.
　　- 나는 그의 거짓 선행에 진저리가 난다.

⑥ **Sharing is** beneficial **for everyone.**
　　- 나눔은 모두에게 유익하다

⑦ **I want to know the anonymous** benefactor.
　　- 나는 그 익명의 후원자를 알고 싶다.

⑧ **The crisis turned out to be a** benediction.
　　- 그 위기는 축복이 되었다.

⑨ **It's impossible to** beneficiate **the lunar rock.**
　　- 그 월석을 선광하는 것은 불가능하다.

⑩ **Your tumor is** benign.
　　- 당신의 종양은 양성입니다.

com/con

1 **companion** [컴패니언] **n** 동행자, 친구
com 함께 + panion 빵, 음식

2 **compare** [컴패어] **v** 비교하다
com 함께 + pare 동등한

3 **comparative** [컴패러티브] **a** 비교하는, 상대적인
compare 비교하다 + ative

4 **compassion** [컴패션] **n** 연민, 동정심
com 함께 + passion 고통

5 **complicate** [컴플리케잇] **v** 복잡하게 만들다
com 함께+ plicate 접다

6 **comprehend** [컴프리헨드] **v** (완전히) 이해하다
com 함께 + prehend 잡다

7 **compromise** [컴프라미스] **v** 타협하다
com 함께 + promise 약속하다

8 **conform** [컨폼] **v** 순응하다
con 함께 + form 구성하다

9 **confront** [컨프론트] **v** 직면하다
con 함께 + front 전면

10 **contemporary** [컨템포러리] **a** 동시대의, 현대의
con 함께 + temporary 일시적인

활용어휘 **1**

① **You are the best lunch** companion.
 – 너는 최고의 점심식사 동행자이다.

② **Don't** compare **yourself with others.**
 – 다른 사람과 너를 비교하지 마.

③ **I am into doing a** comparative **study.**
 – 나는 비교 연구를 하는 데 관심이 있다.

④ Compassion **is an aspect of love.**
 – 연민은 사랑의 한 측면이다.

⑤ **His presence** complicated **the situation.**
 – 그의 존재는 상황을 복잡하게 만들었다.

⑥ **She** comprehended **this text.**
 – 그녀는 이 본문을 완전히 이해했다.

⑦ **I never** compromise **my principles.**
 – 나는 결코 내 원칙들을 타협하지 않는다.

⑧ **They refused to** conform **to the policy.**
 – 그들은 그 정책에 순응하기를 거절했다.

⑨ **You should** confront **your fear.**
 – 너는 두려움에 직면해야 한다.

⑩ **I love** contemporary **music.**
 – 나는 현대 음악을 좋아한다.

2
활
용
문
장

129

dis/di

① discard [디스카드] **v** 버리다
dis 분리 + card 카드

② disclose [디스클로우즈] **v** 드러내다
dis 분리 + close 닫다, 덮다

③ discomfort [디스컴펄트] **v** 불편하게 하다 **n** 불편함
dis 분리 + comfort 편하게 하다, 위로하다

④ discord [디스코드] **n** 불화, 다툼
dis 분리 + cord 마음

⑤ discourage [디스커리지] **v** 의욕을 떨어뜨리다
dis 멀리 + courage 용기

⑥ discreet [디스크릿] **a** 신중한
dis 분리 + creet 가려내다

⑦ disobey [디스오베이] **v** 불순종하다
dis 분리 + obey 순종하다

⑧ disperse [디스펄스] **v** 흩어지다
dis 분리 + sperse 뿌리다

⑨ dispatch [디스패치] **v** 보내다, 파견하다
dis 분리 + patch 발

⑩ disjoin [디스조인] **v** 분리하다
dis 분리 + join 합치다

1 활용어휘

① **Remove the peels and** discard **them.**
　– 껍질을 제거하고 그것들을 버리세요.

② **No one will** disclose **the information.**
　– 아무도 그 정보를 드러내지 않을 것이다.

③ **The design caused me great** discomfort.
　– 그 디자인은 내게 굉장한 불편함을 주었다.

④ **The** discord **in the family bothered him.**
　– 그 가족의 불화가 그를 괴롭혔다.

⑤ **I** discouraged **her from reading books.**
　– 난 그녀가 책 읽는 의욕이 떨어지게 했다.

⑥ **He** is discreet **about spreading the rumor.**
　– 그는 소문을 퍼뜨리는 것에 대해 신중하다.

⑦ **It was caused** by disobeying **God.**
　– 그것은 신에게 불순종해서 야기되었다.

⑧ **The police tried** to disperse **the crowd.**
　– 경찰은 군중을 흩으려고 했다.

⑨ **He decided** to dispatch **reinforcements.**
　– 그는 증원부대를 보내기를 결정했다.

⑩ **She** disjoined **him from the object.**
　– 그녀는 그를 그 물체로부터 분리했다.

2
활
용
문
장

ex

* '밖으로'라는 의미 부여

① **exclude** [익스클루드] **V** 배제하다

    ex 밖으로 + clude 닫다

② **expel** [익스펠] **V** 퇴학시키다, 내쫓다

    ex 밖으로 + pel 몰다

③ **exclaim** [익스클레임] **V** 외치다

    ex 밖으로 + claim 주장하다

④ **except** [익쎕트] **prep** ~을 제외하고

    ex 밖으로 + cept 갖고 가다

⑤ **expend** [익스펜드] **V** (돈, 에너지를) 쏟다

    ex 밖으로 + pend 지불하다

⑥ **expire** [익스파이얼] **V** 만료되다

    ex 밖으로 + pire 숨쉬다

⑦ **expand** [익스팬드] **V** 확장하다

    ex 밖으로+ pand 퍼뜨리다

⑧ **exhale** [익스헤일] **V** (숨을) 내쉬다

    ex 밖으로+ hale 숨쉬다

⑨ **expose** [익스포즈] **V** 드러내다, 폭로하다, 노출시키다

    ex 밖으로 + pose 위치하다

⑩ **exotic** [이그자틱] **a** 이국적인

    ex 밖으로 + otic

1 활용어휘

① **We shouldn't** exclude **the possibility.**
   – 우리는 그 가능성을 배제시키면 안된다.

② **We will** expel **the enemy from our land.**
   – 우리는 적을 우리 땅에서 내쫓을 것이다.

③ **They** exclaimed **with admiration.**
   – 그들은 감탄하며 외쳤다.

④ **Everyone came to the party** except **him.**
   – 그를 제외하고 모두 파티에 왔다.

⑤ **They** expend **most of their time on it.**
   – 그들은 대부분의 시간을 그것에 쏟는다.

⑥ **When will my passport** expire.
   – 언제 저의 여권이 만료되죠?

⑦ **They** expanded **their territory last year.**
   – 그들은 작년에 그들의 영토를 확장했다.

⑧ **You need** to exhale **when relaxing.**
   – 긴장을 풀 때는 숨을 내쉬어야 해요.

⑨ **I** was exposed **to Spanish as a child.**
   – 저는 어렸을 때 스페인어에 노출됐어요.

⑩ **I like your** exotic **accent.**
   – 난 너의 이국적인 억양이 좋아.

re

1 **restart** [리스타트] **V** 다시 시작하다
re 다시 + start 시작하다

2 **remind** [리마인드] **V** 상기하다
re 다시 + mind 마음

3 **react** [리액트] **V** 반응하다
re 다시 + act 행동하다

4 **respond** [리스폰드] **V** 대답하다
re 다시 + spond 약속하다

5 **reform** [리폼] **V** 개혁하다 **n** 개혁
re 다시 + form 형태

6 **reprove** [리프루브] **V** 책망하다
re 다시 + prove 증명하다

7 **refine** [리파인] **V** 정제하다
re 다시 + fine 가늘게 하다

8 **revise** [리바이즈] **V** 개정하다
re 다시 + vise 보다

9 **return** [리턴] **V** 돌아오다
re 다시 + turn 돌다

10 **reenter** [리인터] **V** 다시 들어가다, 재입력하다
re 다시 + enter 들어가다

❶ 활용어휘

① I will restart my English this week.
  – 나는 영어를 이번주에 다시 시작할 것이다.

② The movie reminded me of my friends.
  – 그 영화는 나에게 친구들을 상기시켰다.

③ I reacted to her after receiving her email.
  – 나는 그녀의 이메일을 받은 후 반응했다.

④ I rejected to respond to the text.
  – 나는 그 문자에 대답하기를 거절했다.

⑤ Our company needs a structural reform.
  – 우리 회사는 구조 개혁이 필요하다.

⑥ You might want to reprove him in secret.
  – 그를 비밀리에 책망하는게 좋을 거야.

⑦ My job is refining basic metals.
  – 내 일은 기초 금속을 정제하는 거야.

⑧ He revised my essay yesterday.
  – 그는 어제 내 에세이를 개정했다.

⑨ The boss will never return to the building.
  – 상사는 결코 그 건물로 돌아가지 않을 것이다.

⑩ Please reenter your password.
  – 당신의 암호를 다시 입력해주세요.

2 활용문장

trans

* '가로질러', '통해서'라는 의미 부여

❶ 활용어휘

1 **transform** [트랜스폼] **V** 변형시키다
trans 가로질러 + form 형태

2 **transfigure** [트랜스피겨] **V** 변모시키다
trans 가로질러 + figure 형상

3 **transcribe** [트랜스크라이브] **V** 기록하다
trans 가로질러 + scribe 쓰다

4 **transmit** [트랜스밋] **V** 전송하다, 전염시키다
trans 가로질러 + mit 보내다

5 **transfer** [트랜스퍼] **V** 옮기다, 이동하다, 전학하다
trans 가로질러 + fer 향하다

6 **transpose** [트랜스포즈] **V** 조옮김하다, 뒤바꾸다
trans 가로질러 + pose 위치하다

7 **transgress** [트랜스그래스] **V** 넘어서다, 어기다
trans 가로질러 + gress 가다

8 **translate** [트랜슬래잇] **V** 번역하다
trans 가로질러 + late 옮겨진

9 **transport** [트랜스포트] **V** 수송하다 **n** 수송
trans 가로질러 + port 옮기다

10 **transplant** [트랜스플랜트] **V** 옮겨심다, 이식하다 **n** 이식
trans 가로질러 + plant 심다

① He was transformed into a new person.
  - 그는 새로운 사람으로 바뀌었다.

② His life transfigured our lives.
  - 그의 삶은 우리의 삶을 변모시켰다.

③ I am transcribing the interview.
  - 나는 그 인터뷰를 기록하고 있다.

④ You are transmitting the fear to us.
  - 너는 두려움을 우리에게 전염시키고 있다.

⑤ I transferred to this school this month.
  - 나는 이번달에 이 학교로 전학 왔다.

⑥ Let's transpose it to a higher key.
  - 더 높은 키로 조옮김 합시다.

⑦ He always transgresses the law.
  - 그는 항상 그 법을 어긴다.

⑧ I will translate English from Spanish.
  - 내가 영어를 스페인어로 번역하겠다.

⑨ The book was damaged during transport.
  - 그 책은 수송 중에 손상됐다.

⑩ He needs a heart transplant.
  - 그는 심장 이식이 필요하다.

per

* '통과', '철저히'라는 의미 부여

① **perceive** [펄씨브] **V** 알아차리다, 인식하다
per 통과 + ceive 받다

② **perfect** [퍼펙트] **a** 완벽한
per 철저히 + fect 하다

③ **permit** [펄밋] **V** 허락하다 **n** 허가
per 통과 + send 보내다

④ **perform** [펄폼] **V** 공연하다, (임무를) 수행하다
per 통과 + form 형태를 입히다

⑤ **perspective** [펄스펙티브] **n** 관점, 시각
per 통과 + spective 보다

⑥ **permanent** [펄머넌트] **a** 영구적인
per 통과 + manent 머무르다

⑦ **permeate** [펄미에잇] **V** 스며들다
per 통과 + meate 가다

⑧ **perplex** [펄플렉스] **V** 당황하게 하다
per 통과 + plex 얽히게 하다

⑨ **pertinent** [펄티넌트] **a** 적절한
per 통과 + tinent 뻗다

⑩ **perpetual** [펄페츄얼] **a** 영원한, 영속하는
per 통과 + petual 추구하다

활용어휘 marker on left

①
활
용
어
휘

① **The guys** were perceived **as a threat.**
　– 그 남자들은 위협으로 인식되었다.

② **No person in the world is** perfect.
　– 세상의 어떤 사람도 완벽하지 않다.

③ **His work** permit **will expire soon.**
　– 그의 취업 허가서는 곧 만기된다.

④ **He** performs **the best in his class.**
　– 그는 그의 수업에서 최고로 임무를 행한다.

⑤ **It's important to broaden one's** perspective.
　– 시각을 넓히는 것은 중요하다.

⑥ **He earned** permanent **residency.**
　– 그는 영주권을 얻었다.

⑦ **The idea** permeated **my unconsciousness.**
　– 그 생각은 나의 무의식에 침투했다.

⑧ **The problem** perplexed **everyone.**
　– 그 문제는 모두를 당황스럽게 했다.

⑨ **His comments** are pertinent **to the topic.**
　– 그의 의견은 주제에 적절하다.

⑩ **He suffered from a** perpetual **friction.**
　– 그는 영구적인 마찰로 고통 당했다.

2
활용문장

139

post

1 활용 어휘

1 **postgame** [포스트게임] **a** 경기 후의
post 후에 + game 게임

2 **postwar** [포스트워] **a** 전쟁 후의
post 후에 + war 전쟁

3 **postseason** [포스트시즌] **a** 공식 이후 시즌의
post 후에 + season 시즌

4 **postscript** [포스트스크립트] **n** 추신, 후기
post 후에 + script 쓰다

5 **postdate** [포스트데이트] **v** 실제 날짜보다 늦게 적다
post 후에 + date 날짜

6 **postgraduate** [포스트그레쥬에잇] **n** 대학원생
post 후에 + graduate 졸업자

7 **postmodernism** [포스트모더니즘] **n** 포스트모더니즘
post 후에 + modernism 현대주의

8 **postpone** [포스트폰] **v** 연기하다
post 후에 + pone 놓다

9 **postcrisis** [포스트크라이시스] **a** 위기 후의
post 후에 + crisis 위기

10 **postpuberty** [포스트퓨벌티] **a** 청소년기 후의
post 후에 + puberty 청소년기

① I will join the postgame ceremony.
– 나는 경기 후의 행사에 참여할 것이다.

② I am learning about the postwar boom.
– 나는 전쟁 후의 경제 호황에 대해 배우고 있다.

③ I won first place at the postseason.
– 나는 공식 이후의 시즌에서 1등을 했다.

④ Could you read this postscript?
– 이 후기를 읽어주시겠어요?

⑤ Let me postdate the check for you.
– 당신을 위해 수표 날짜를 늦게 적을게요.

⑥ My brother is a postgraduate.
– 제 남자형제는 대학원생이에요.

⑦ People are influenced by postmodernism.
– 사람들은 포스트모더니즘에 영향을 받는다.

⑧ The board decided to postpone it.
– 이사회는 그것을 연기하기로 결정했다.

⑨ The postcrisis generations are weak.
– 위기 후의 세대들은 약하다.

⑩ He is facing a postpuberty obese.
– 그는 청소년기 후의 비만에 직면하고 있다.

2 활용 문장

pro

* '앞으로', '전의'라는 의미 부여

① **progress** [프로그레스] Ⅴ 진행하다, 진전을 보이다 ⁿ 진전
   pro 앞으로 + gress 걷다

② **proceed** [프로씨드] Ⅴ 진행하다
   pro 앞으로 + ceed 가다

③ **protest** [프로테스트] Ⅴ 항의하다, 시위하다
   pro 앞으로 + test 단언하다

④ **propose** [프로포즈] Ⅴ 제안하다, 청혼하다
   pro 앞으로 + pose 자세

⑤ **produce** [프로듀스] Ⅴ 생산하다
   pro 앞으로 + duce 이끌다

⑥ **provide** [프로바이드] Ⅴ 제공하다, 주다
   pro 앞으로 + vide 보다

⑦ **promote** [프로모우트] Ⅴ 촉진하다, 홍보하다, 승진시키다
   pro 앞으로 + mote 움직이다

⑧ **provoke** [프로복크] Ⅴ 화나게 하다, 도발하다
   pro 앞으로 + voke 부르다

⑨ **prolong** [프로롱] Ⅴ 연장시키다
   pro 앞으로 + long 길다

⑩ **prospect** [프로스펙트] ⁿ 가망, 예상 Ⅴ 탐사하다
   pro 앞으로 + spect 보다

142

① I am glad to hear that you made progress.
– 나는 너가 진전이 있었다는 것을 들어서 기쁘다.

② I want to proceed with the project.
– 나는 그 계획을 진행하고 싶어.

③ The crowd will protest against the policy.
– 군중은 그 정책에 대해 항의할 것이다.

④ Jim proposed to Sandy.
– 짐은 샌디에게 청혼했다.

⑤ Our company is producing cell phones.
– 우리 회사는 핸드폰을 생산한다.

⑥ God provides us with everything.
– 신은 우리에게 모든 것을 제공한다.

⑦ I was promoted after 2 years.
– 나는 2년 후에 승진했다.

⑧ Don't provoke this monster.
– 이 괴물을 도발하지 말아라.

⑨ I want to prolong my stay in France.
– 나는 프랑스에서의 거주를 연장하고 싶다.

⑩ The prospect of a ceasefire is small.
– 휴전 가능성은 적다.

hyper

@ 흥분한, 지나친
* '지나친', '과도한'이라는 의미 부여

❶ 활용어휘

1 **hyperbole** [하이퍼벌리] ⓝ 과장법
hyper 지나친 + bole 던지다

2 **hyperbolic** [하이퍼볼릭] ⓐ 과장법의
hyperbole 과장법 + ic

3 **hyper-tall** [하이퍼-톨] ⓐ 지나치게 큰
hyper 지나친 + tall 큰

4 **hypercritical** [하이퍼크리티컬] ⓐ 지나치게 비판적인
hyper 지나친 + critical 비판적인

5 **hyperactive** [하이퍼액티브] ⓐ 지나치게 활동적인, 정서불안의
hyper 지나친 + active 활동적인

6 **hypertension** [하이퍼텐션] ⓝ 과도한 긴장, 고혈압
hyper 지나친 + tension 긴장

7 **hyperlink** [하이퍼링크] ⓝ 하이퍼링크
hyper 지나친 + link 링크

8 **hyperspace** [하이퍼스페이스] ⓝ 초공간
hyper 지나친 + space 공간

9 **hypersensitive** [하이퍼센서티브] ⓐ 과민한
hyper 지나친 + sensitive 민감한

10 **hyperacid** [하이퍼애씨드] ⓐ 위산 과다의
hyper 지나친 + acid 산

① **I do not like to use** hyperbole.
 – 나는 과장법 사용하는 것을 좋아하지 않아.

② **What they said** is hyperbolic.
 – 그들은 말한 것은 과장되었다.

③ **My boyfriend is** hyper-tall.
 – 내 남자친구는 지나치게 크다.

④ **My boss is strict and** hypercritical.
 – 내 상사는 엄격하고 지나치게 비판적이다.

⑤ **The child seems to be** hyperactive.
 – 그 아이는 정서불안인 것 같아 보인다.

⑥ **I take** hypertension **medication.**
 – 나는 고혈압 약을 먹는다.

⑦ **Click the** hyperlink **to see the picture.**
 – 사진을 보려면 하이퍼링크를 클릭하세요.

⑧ **We are going to enter a** hyperspace.
 – 우리는 초공간으로 들어갈 것입니다.

⑨ **Stop being** hypersensitive.
 – 과민한 것을 그만하세요.

⑩ **I am suffering from a** hyperacid **stomach.**
 – 저는 위산 과다로 인한 복통으로 고통받고 있어요.

활용문장 2

ment

* 동사를 명사로 바꾸는 역할

① **payment** [페이먼트] **n** 지불
pay 지불 + ment

② **shipment** [쉽먼트] **n** 수송, 수하물
ship 수송하다 + ment

③ **movement** [무브먼트] **n** 움직임
move 움직이다 + ment

④ **development** [디벨롭먼트] **n** 발전
develop 발전하다 + ment

⑤ **equipment** [이쿠입먼트] **n** 장비, 용품
equip 장착하다 + ment

⑥ **advertisement** [어드벌타이즈먼트] **n** 광고
advertise 광고하다 + ment

⑦ **fulfillment** [풀필먼트] **n** 성취
fulfill 성취하다 + ment

⑧ **requirement** [뤼쿠아이얼먼트] **n** 요구
require 요구하다 + ment

⑨ **achievement** [어취브먼트] **n** 성취
achieve 성취하다 + ment

⑩ **management** [메니지먼트] **n** 관리, 경영
manage 관리하다 + ment

① An initial payment of $20 is required.
 – 선금 20불이 요구됩니다.

② Shipment is an action of shipping things.
 – 수송은 물건을 수송하는 행동이다.

③ Her movement is really fast.
 – 그녀의 움직임은 정말 빠르다.

④ The development of China is very fast.
 – 중국의 발전은 매우 빠르다.

⑤ I want to keep some of the equipment.
 – 나는 그 장비 중 몇몇을 간직하고 싶다.

⑥ I belong to the advertisement department.
 – 나는 광고부서에 속했다.

⑦ Self-fulfillment is a key to success.
 – 자기 충족은 성공의 열쇠이다.

⑧ There are too many requirements.
 – 너무 많은 요구가 있다.

⑨ What is your greatest achievement?
 – 무엇이 당신의 가장 큰 성취입니까?

⑩ We are under the new management.
 – 우리는 새로운 경영진 아래에 있다.

ly

* 형용사를 부사로 바꾸는 역할

1 **quickly** [퀴클리] **ad** 빠르게
quick 빠른 + ly

2 **slowly** [슬로우] **ad** 느리게, 천천히
slow 느린 + ly

3 **bravely** [브레이블리] **ad** 용감하게
brave 용감한 + ly

4 **badly** [베들리] **ad** 나쁘게, 몹시
bad 나쁜 + ly

5 **eagerly** [이걸리] **ad** 열정적으로
eager 열정적인 + ly

6 **generally** [제너를리] **ad** 일반적으로
general 일반적인 + ly

7 **greatly** [그레이틀리] **ad** 대단하게, 위대하게
great 위대한+ ly

8 **loudly** [라우들리] **ad** (소리가) 크게
loud 소리가 큰 + ly

9 **perfectly** [퍼펙틀리] **ad** 완벽하게
perfect 완벽한 + ly

10 **sadly** [새들리] **ad** 슬프게
sad 슬픈 + ly

1 활용어휘

① **Run away from the community** quickly.
 – 그 공동체에서 빠르게 도망쳐라.

② Slowly, **he closed his eyes.**
 – 천천히, 그는 눈을 감았다.

③ **He draws his sword** bravely.
 – 그는 그의 칼을 용감하게 뽑는다.

④ **The house is** badly **damaged by the storm.**
 – 그 집은 폭풍으로 몹시 손해를 입었다.

⑤ **He** eagerly **pursued a medical career.**
 – 그는 열정적으로 의료계로 밀고 나간다.

⑥ Generally, **people are short-sighted.**
 – 일반적으로, 사람들은 근시한적이다.

⑦ **Your help will be** greatly **appreciated.**
 – 너의 도움은 대단히 환영받을 것이다.

⑧ **He laughed very** loudly.
 – 그는 아주 크게 웃었다.

⑨ **He finished his job** perfectly.
 – 그는 일을 완벽하게 끝냈다.

⑩ Sadly, **the hero died in the battle.**
 – 슬프게도 그 영웅은 그 전투에서 죽었다.

tion/sion

* 동사를 명사로 바꾸는 역할

① 활용 어휘

1 **decision** [디씨젼] n 결정
decide 결정하다 + sion

2 **collection** [콜렉션] n 수집
collect 수집하다 + tion

3 **invention** [인벤션] n 발명
invent 발명하다 + tion

4 **revolution** [레볼루션] n 혁명
revolve 되감다 + tion

5 **correction** [코렉션] n 수정
correct 수정하다 + tion

6 **division** [디비젼] n 나눔, 분리
divide 나누다 + sion

7 **invitation** [인비테이션] n 초대
invite 초대하다 + tion

8 **introduction** [인트로덕션] n 소개
introduce 소개하다 + tion

9 **intention** [인텐션] n 의도
intend 의도하다 + tion

10 **rejection** [리젝션] n 거절
reject 거절하다 + tion

150

① He made a decision to pursue her.
 – 그는 그녀를 쫓겠다고 결정했다.

② Her collection of plants is amazing.
 – 그녀의 식물 수집은 놀랍다.

③ The invention of paper was a miracle.
 – 종이의 발명은 기적이었다.

④ This revolution will bring many changes.
 – 이 혁명은 많은 변화를 가져올 것이다.

⑤ This video needs correction.
 – 이 비디오는 수정이 필요하다.

⑥ The division of the city made me cry.
 – 그 도시의 분리는 나를 울게 만들었다.

⑦ Thank you so much for you invitation.
 – 당신의 초대에 정말 감사합니다.

⑧ His introduction was flawless.
 – 그의 소개는 결점이 없었다.

⑨ I have no idea what his intention is.
 – 나는 그의 의도가 무엇인지 모르겠다.

⑩ Her rejection made him frustrated.
 – 그녀의 거절은 그를 낙담하게 만들었다.

❷ 활용문장

ee

1 **attendee** [어텐디] **n** 참석자
attend 참석하다 + ee

2 **absentee** [엡센티] **n** 결석자
absent 결석하다 + ee

3 **licensee** [라이센시] **n** 허가를 받은 사람
license 허가하다 + ee

4 **employee** [임플로이] **n** 종업원, 고용된 사람
employ 고용하다 + ee

5 **advisee** [어드바이지] **n** 조언을 받는 사람
advise 조언하다 + ee

6 **payee** [페이] **n** 수취인
pay 지불하다 + ee

7 **grantee** [그랜티] **n** 수령자, 장학생
grant 인정하다, 승인하다 + ee

8 **returnee** [리터니] **n** 돌아온 사람
return 돌아오다 + ee

9 **supervisee** [슈퍼바이지] **n** 지도 받는 사람, 지도 학생
supervise 감독하다 + ee

10 **escapee** [이스케이피] **n** 도망자, 탈옥수
escape 탈출하다 + ee

활용어휘

① One attendee will join the army soon.
　　– 한 참석자는 곧 입대할 것이다.

② The absentee ballot fraud is very common.
　　– 부재자 투표 용지 사기는 매우 흔하다.

③ The licensee will break the law.
　　– 그 허가를 받은 사람은 법을 어길 것이다.

④ I care for the employees.
　　– 나는 종업원들을 돌본다.

⑤ The advisee is a very faithful man.
　　– 그 조언을 받는 사람은 매우 성실한 사람이다.

⑥ The name of the payee is not written.
　　– 수취인의 이름이 적혀 있지 않다.

⑦ The grantee is a great student.
　　– 그 장학생은 훌륭한 학생이다.

⑧ The returnee changed a lot.
　　– 돌아온 사람은 많이 바뀌었다.

⑨ I am his supervisee.
　　– 나는 그의 지도 학생이다.

⑩ The escapee will be caught soon.
　　– 그 도망자는 곧 잡힐 것이다.

2 활용 문장

153

ate

1 **circulate** [썰큘레잇] **V** 순환하다, 순환시키다
circle 원형 + ate

2 **activate** [엑티베잇] **V** 활성화시키다
active 활동적인 + ate

3 **stimulate** [스티뮬레잇] **V** 자극하다
stimulus 자극 + ate

4 **differentiate** [디퍼런시에잇] **V** 차별하다
different 다른 + ate

5 **regulate** [레귤레잇] **V** 규제하다
regular 규칙적인 + ate

6 **terminate** [터미네잇] **V** 끝나다, 종료하다
terminal 터미널, 종착역 + ate

7 **assassinate** [어쌔시네잇] **V** 암살하다
assassin 암살범 + ate

8 **validate** [벨리데잇] **V** 입증하다
valid 유효한 + ate

9 **intimidate** [인티미데잇] **V** 겁을 주다, 소심하게 하다
in [en 만들다] + timid 소심한 + ate

10 **invigorate** [인비고레잇] **V** 기운이 나게 하다
in [en 만들다] + vigor 힘, 정력 + ate

1 활용어휘

① **This medicine helps the blood to** circulate**.**
　－ 이 약은 피가 순환하는 것을 돕는다.

② **I** activated **my** *Facebook***.**
　－ 나는 내 페이스북을 활성화시켰다.

③ **This article will** stimulate **the discussion.**
　－ 이 기사는 토론을 자극할 것이다.

④ **We** differentiate **him and the others.**
　－ 우리는 그와 다른 사람들과 차별합니다.

⑤ **It** regulates **our lives in many ways.**
　－ 그것은 우리의 삶을 많은 면에서 규제한다.

⑥ **Please don't** terminate **your original plan.**
　－ 너의 원래 계획을 제발 끝내지 말아주세요.

⑦ **They are trying** to assassinate **him.**
　－ 그들은 그를 암살하려고 하고 있어.

⑧ **It is impossible to** validate **these theories.**
　－ 그들의 이론을 입증하는 것은 불가능하다.

⑨ **Their ideas** intimidated **us.**
　－ 그들의 아이디어는 우리를 겁먹게 했다.

⑩ **Your joke** invigorated **me.**
　－ 너의 농담은 나를 기운이 나게 했다.

2
활
용
문
장

less

@ 덜, 더 적은
* '~이 없는'이라는 의미 부여 (형용사)

1
활
용
어
휘

1 **useless** [유스리스] @ 불필요한, 사용할 수 없는

use 사용 + less ~이 없는

2 **helpless** [헬프리스] @ 무력한, 속수무책인

help 도움 + less ~이 없는

3 **endless** [엔드리스] @ 끝이 없는, 무한한

end 끝 + less ~이 없는

4 **careless** [케어리스] @ 부주의한

care 돌봄, 주의 + less ~이 없는

5 **doubtless** [다우트리스] @ 틀림없이

doubt 의심 + less ~이 없는

6 **aimless** [에임리스] @ 목적 없는, 방향을 잃은

aim 목적 + less ~이 없는

7 **hopeless** [홉리스] @ 가망없는, 절망적인

hope 희망 + less ~이 없는

8 **homeless** [홈리스] @ 노숙자의, 집이 없는

home 집 + less ~이 없는

9 **fearless** [피어리스] @ 겁 없는

fear 두려움 + less ~이 없는

10 **merciless** [멀씨리스] @ 무자비한, 인정사정 없는

mercy 자비 + less ~이 없는

① **Someday, computers will become** useless.
　　– 언젠가 컴퓨터가 불필요하게 될 것이다.

② **The refugees** were helpless.
　　– 그 난민들은 무력했다.

③ **The** endless **rain scared us.**
　　– 그 끝없는 비는 우리를 겁먹게 했다.

④ **You** are **too** careless **to do this.**
　　– 너는 이것을 하기에는 너무 부주의하다.

⑤ **He is** doubtless **the best student.**
　　– 그는 틀림없이 최고의 학생이다.

⑥ **Your life seems to be** aimless.
　　– 너의 삶은 목적이 없는 것 같아.

⑦ **Unfortunately, this case is** hopeless.
　　– 유감스럽게도, 이 사건은 가망이 없네요.

⑧ **He helps** the homeless **every day.**
　　– 그는 노숙자들을 매일 돕는다.

⑨ **His** fearless **spirit moved her.**
　　– 그의 겁 없는 정신이 그녀를 감동시켰다.

⑩ **The heat of the sun** is merciless.
　　– 태양의 열기가 인정사정 없다.

(i)fy

* '~하게 하다'라는 의미 부여 (동사)

1 **diversify** [다이벌시파이] **V** 다양하게 하다
diverse 다양한 + **ify**

2 **simplify** [심플리파이] **V** 간단하게 하다
simple 간단한 + **ify**

3 **densify** [덴시파이] **V** 밀도를 높이다
dense 밀집한 + **ify**

4 **clarify** [크레리파이] **V** 명확하게 하다
clear 명확한 + **ify**

5 **exemplify** [익젬플리파이] **V** 전형적인 예가 되다
example 예 + **ify**

6 **specify** [스페시파이] **V** 명시하다, 구체적으로 하다
specific 구체적인 + **ify**

7 **classify** [클레시파이] **V** 분류하다
class 부류, 종류 + **ify**

8 **intensify** [인텐시파이] **V** 강화하다, 심화시키다
intense 극심한 + **ify**

9 **unify** [유니파이] **V** 통합하다
uni 하나 + **ify**

10 **satisfy** [세티스파이] **V** 만족시키다
satis 충분 + **ify**

① He is diversifying the department.
   – 그는 그 부서를 다양하게 하고 있다.

② Let's just simplify our wedding.
   – 우리 그냥 결혼을 간단하게 하자.

③ This zone is densified by the bad guys.
   – 이 구역은 악당들에 의해 밀도가 높아졌다.

④ Could you clarify this point?
   – 이 점을 좀 명확하게 해 주시겠어요?

⑤ This building exemplifies my theories.
   – 이 빌딩은 제 이론의 전형적인 예입니다.

⑥ Remember to specify its size.
   – 그것의 크기를 명시하는 것을 기억하세요.

⑦ Classify these toys by color.
   – 이 장난감들을 색별로 분류하세요.

⑧ The training was intensified by a new guy.
   – 훈련은 새로운 소년에 의해 심화되었다.

⑨ When can we unify the country?
   – 우리는 언제 나라를 통합할 수 있나요?

⑩ This result will satisfy for you.
   – 이 결과는 너를 만족시킬 것이다.

❷ 활용문장

ize

*'(화)하다'라는 의미 부여 (동사)

① normalize [노멀라이즈] Ⅴ 정상화되다
normal 정상적인 + ize

② finalize [파이널라이즈] Ⅴ 완결 짓다
final 최종의 + ize

③ memorize [메모라이즈] Ⅴ 외우다
memory 기억 + ize

④ energize [애너자이즈] Ⅴ 동력을 공급하다
energy 에너지, 동력 + ize

⑤ idealize [아이디얼라이즈] Ⅴ 이상화하다
ideal 이상적인 + ize

⑥ legalize [레걸라이즈] Ⅴ 합법화하다
legal 합법적인 + ize

⑦ colonize [콜로나이즈] Ⅴ 식민지로 만들다
colony 식민지 + ize

⑧ optimize [옵티마이즈] Ⅴ 최대한 좋게 만들다
optimal 최선의 + ize

⑨ vaporize [베이포라이즈] Ⅴ 증발하다
vapor 증기, 증발 + ize

⑩ apologize [어팔러자이즈] Ⅴ 사과하다
apology 사과 + ize

① He normalized diplomatic relations.
   – 그는 외교 관계를 정상화했다.

② We should finalize the term of the contract.
   – 우리는 계약 조건을 마무리 지어야 한다.

③ He can memorize 100 words a day.
   – 그는 하루에 100단어를 외울 수 있다.

④ This drink will energize your body.
   – 이 음료는 몸에 에너지를 공급할 것이다.

⑤ It's not right to idealize stars.
   – 스타들을 이상화하는 것은 옳지 않다.

⑥ How can they legalize that?
   – 그들은 어떻게 그것을 합법화하죠?

⑦ India used to be colonized.
   – 인도는 식민지였었다.

⑧ She always optimize situations.
   – 그녀는 항상 상황을 최대한으로 좋게 만든다.

⑨ Ammonia vaporizes at this temperature.
   – 암모니아는 이 온도에서 증발한다.

⑩ I want to apologize to her.
   – 나는 그녀에게 사과하고 싶다.

활용 문장 ❷

ful

1 **beautiful** [뷰티풀] **ⓐ** 아름다운
beauty 아름다움 + ful

2 **careful** [케어풀] **ⓐ** 주의 깊은
care 돌봄, 주의 + ful

3 **painful** [페인풀] **ⓐ** 고통스러운
pain 고통 + ful

4 **merciful** [멀씨풀] **ⓐ** 자비로운
mercy 자비 + ful

5 **joyful** [조이풀] **ⓐ** 아주 기뻐하는
joy 기쁨, 환희 + ful

6 **harmful** [함풀] **ⓐ** 해로운
harm 피해+ ful

7 **hopeful** [홉풀] **ⓐ** 희망에 찬
hope 희망 + ful

8 **faithful** [페이스풀] **ⓐ** 충실한
faith 믿음, 신앙 + ful

9 **colorful** [칼라풀] **ⓐ** 다채로운
color 색깔 + ful

10 **helpful** [헬프풀] **ⓐ** 도움이 되는
help 도움 + ful

❶ 활용어휘

① **What a beautiful lady!**
    – 이렇게 예쁜 여인이!

② **Be careful! There is a bear.**
    – 조심해요! 곰이 있어요.

③ **It is painful to be with her.**
    – 그녀와 있는 것은 고통스럽다.

④ **You will learn God is merciful.**
    – 너는 신은 자비롭다는 것을 배울 것이다.

⑤ **Let's celebrate this joyful day.**
    – 이 기쁜 날을 축하합시다.

⑥ **Fruit juice is harmful to some people.**
    – 과일 주스는 어떤 사람들에게는 해롭다.

⑦ **I have a hopeful news for you.**
    – 저는 당신에게 희망찬 소식이 있습니다.

⑧ **I love him because he is faithful.**
    – 저는 그가 충실해서 그를 사랑해요.

⑨ **I don't like colorful curtain.**
    – 나는 다채로운 커튼을 좋아하지 않아.

⑩ **Your advice is always helpful.**
    – 너의 조언은 언제나 도움이 된다.

163

ism

*'주의'라는 의미 부여 (명사)

① **modernism** [모더니즘] **n** 모더니즘, 현대적 사상
modern 현대의 + ism

② **conservatism** [컨썰버티즘] **n** 보수주의
conserve 보존하다 + ism

③ **liberalism** [리버럴리즘] **n** 진보주의
liberal 진보적인 + ism

④ **capitalism** [캐피탈리즘] **n** 자본주의
capital 수도, 자본금 + ism

⑤ **socialism** [소셜리즘] **n** 사회주의
social 사회적인 + ism

⑥ **humanism** [휴머니즘] **n** 인본주의
human 인간 + ism

⑦ **individualism** [인디비쥬얼리즘] **n** 개인주의
individual 개인, 개인의 + ism

⑧ **egoism** [이고이즘] **n** 이기주의, 자기중심주의
ego 자아, 자존심 + ism

⑨ **materialism** [메테리얼리즘] **n** 물질주의
material 물질, 재료 + ism

⑩ **communism** [커뮤니즘] **n** 공산주의
community 공동체 + ism

❶ 활용어휘

① **The professor will teach** modernism.
– 교수님은 모더니즘에 대해 가르칠 것이다.

② **I prefer** conservatism **over liberalism.**
– 나는 진보주의보다 보수주의를 선호한다.

③ **I studied the political theory of** liberalism.
– 나는 진보주의의 정치적 이론을 공부했다.

④ **When did** capitalism **start?**
– 자본주의는 언제 시작되었죠?

⑤ **Do you know the true face of** socialism?
– 사회주의의 진짜 모습을 아시나요?

⑥ Humanism **is prevalent in today's society.**
– 인본주의는 오늘날 사회에서 일반적이다.

⑦ Individualism **can destroy marriage.**
– 개인주의는 결혼을 파괴할 수 있다.

⑧ **I will tell you the danger of** egoism.
– 내가 너에게 이기주의의 위험성을 말할게.

⑨ **Don't let** materialism **consume you.**
– 물질주의가 너를 사로잡지 못하게 해.

⑩ Communism **killed millions of people.**
– 공산주의는 수백만 명을 죽였다.

2 활용 문장

ist

* '전문적 일을 하는 사람'이라는 의미 부여

① **artist** [아티스트] **n** **예술가**
art 예술 + ist

② **medalist** [메달리스트] **n** **메달 수령자**
medal 메달 + ist

③ **pianist** [피아니스트] **n** **피아니스트**
piano 피아노 + ist

④ **guitarist** [기타리스트] **n** **기타리스트**
guitar 기타 + ist

⑤ **novelist** [노벌리스트] **n** **소설가**
novel 소설 + ist

⑥ **scientist** [사이언티스트] **n** **과학자**
science 과학 + ist

⑦ **linguist** [링귀스트] **n** **언어학자**
linguistics 언어학 + ist

⑧ **psychologist** [사이컬러지스트] **n** **심리학자**
psychology 심리학 + ist

⑨ **dentist** [덴티스트] **n** **치과의사**
dental 치과의 + ist

⑩ **tourist** [튜어리스트] **n** **관광객**
tour 관광하다 + ist

①
활
용
어
휘

① **My father is a great** artist.
　– 나의 아버지는 훌륭한 예술가이다.

② **A gold** medalist **receives $20,000.**
　– 금메달 수령자는 20,000달러를 받는다.

③ **The** pianist **is a legend in our town.**
　– 그 피아니스트는 우리 도시의 전설이다.

④ **I want to be a** guitarist **like him.**
　– 나는 그와 같은 기타리스트가 되고 싶다.

⑤ **The** novelist **always uses dialects.**
　– 그 소설가는 항상 사투리를 사용한다.

⑥ Scientists **are very smart.**
　– 과학자들은 정말 똑똑하다.

⑦ **I will become a** linguist **in 1 year.**
　– 1년 안에 나는 언어학자가 될 것이다.

⑧ **My** psychologist **is the best in the world.**
　– 나의 심리학자는 세계에서 최고이다.

⑨ **The** dentist **took out my teeth.**
　– 치과의사는 나의 이들을 뽑았다.

⑩ **The** tourist **knows a lot about the city.**
　– 그 관광객은 그 도시에 대해 잘 안다.

er

* '어떤 행동을 하는 사람'이라는 의미 부여

1 활용 어휘

① **writer** [라이터] **n** 글 쓰는 사람, 작가
write 쓰다 + **er**

② **runner** [뤄너] **n** 달리는 사람
run 달리다 + **er**

③ **singer** [싱어] **n** 노래하는 사람, 가수
sing 노래하다 + **er**

④ **dancer** [댄서] **n** 댄서
dance 춤추다 + **er**

⑤ **player** [플레이어] **n** 선수
play 운동하다, 놀다 + **er**

⑥ **manager** [매니저] **n** 관리자
manage 관리하다 + **er**

⑦ **producer** [프로듀서] **n** 생산자
produce 생산하다 + **er**

⑧ **worker** [워커] **n** 일꾼, 직원
work 일하다 + **er**

⑨ **employer** [임플로이어] **n** 고용주
employ 고용하다 + **er**

⑩ **composer** [컴포우저] **n** 작곡자
compose 작곡하다 + **er**

① The writer of the book has a great insight.
  – 이 책의 작가는 엄청난 통찰력이 있다.

② We are all runners in life.
  – 삶에서 우리는 모두 달리는 사람들이다.

③ My favorite singer is a Korean.
  – 내가 가장 좋아하는 가수는 한국 사람이다.

④ He fell in love with a dancer.
  – 그는 댄서와 사랑에 빠졌다.

⑤ My brother is a basketball player.
  – 나의 남자형제는 농구 선수이다.

⑥ I need to talk to the manager now.
  – 저는 당장 관리자와 이야기해야 합니다.

⑦ The producer of this computer is genius.
  – 이 컴퓨터의 생산자는 천재이다.

⑧ He is such a hard worker.
  – 그는 정말 열심히 하는 직원이다.

⑨ He sued his employer for being unfair.
  – 그는 불공평하다고 고용주를 고소했다.

⑩ I admire the composer of the song.
  – 나는 그 노래의 작곡가를 존경한다.

2 활용 문장

ity

* '상태', '속성'을 나타내는 명사로
만드는 역할

❶ 활 용 어 휘

1 **unity** [유니티] **n** 통일, 일치
uni 하나 + ity

2 **purity** [퓨리티] **n** 순수성
pure 순수한 + ity

3 **reality** [리얼리티] **n** 현실
real 진짜의 + ity

4 **ability** [어빌리티] **n** 능력
able 할 수 있는 + ity

5 **mobility** [모빌리티] **n** 이동성, 유동성
mobile 이동하는 + ity

6 **humanity** [휴머니티] **n** 인류, 인간
human 인간 + ity

7 **security** [세큐리티] **n** 안전성, 보안
secure 안전한 + ity

8 **complexity** [컴플렉시티] **n** 복잡함
complex 복잡한 + ity

9 **capacity** [커패시티] **n** 용량, 수용력, 능력
capable 유능한 + ity

10 **exclusivity** [익스클루시비티] **n** 독점
exclude 배제하다 + ity

① **This artwork lacks** unity.
　– 이 작품은 통일성이 부족하다.

② **The** purity **of the water is examined.**
　– 물의 순수성이 점검된다.

③ Reality **and fantasy are very different.**
　– 현실과 환상은 너무나 다르다.

④ **She has the** ability **to lift it up.**
　– 그녀는 그것을 들 능력이 있다.

⑤ Mobility **is crucial in guerilla warfare.**
　– 이동성은 게릴라전에서 결정적이다.

⑥ **It is a crime against** humanity.
　– 그것은 인류에 반하는 범죄이다.

⑦ **His sense of** security **is too weak.**
　– 그의 안정감은 너무 낮다.

⑧ **I understood the** complexity **of this model.**
　– 나는 이 모델의 복잡함을 이해했다.

⑨ **The room was filled to** capacity.
　– 그 방은 정원이 꽉 찼다.

⑩ **We will get rid of the** exclusivity.
　– 우리는 그 독점을 제거할 것이다.

2 활용문장

ance

1 clearance [클리어런스] **n** 정리, 승인
clear 깨끗한, 명확한 + ance

2 assistance [어시스턴스] **n** 도움
assist 돕다 + ance

3 ignorance [이그노어런스] **n** 무시, 무지
ignore 무시하다 + ance

4 tolerance [톨러런스] **n** 인내, 용인, 관용
tolerate 참다 + ance

5 importance [임폴턴스] **n** 중요성
important 중요한 + ance

6 relevance [렐러번스] **n** 관련성
relevant 관련된 + ance

7 reluctance [릴럭턴스] **n** 주저함
reluctant 주저하는 + ance

8 insurance [인슈어런스] **n** 보험
insure 보험에 들다 + ance

9 allowance [얼라우언스] **n** 허용량, 용돈
allow 용납하다 + ance

10 appearance [어피어런스] **n** 외모, 나타남
appear 나타나다 + ance

1
활
용
어
휘

① I am waiting for my boss's clearance.
   – 나는 내 상사의 승인을 기다리고 있다.

② What we need is financial assistance.
   – 우리가 필요한 것은 재정적 도움이다.

③ Ignorance can ruin your life.
   – 무지는 너의 삶을 망칠 수 있다.

④ I have no tolerance of mistakes.
   – 나는 실수에 대해 인내성이 없다.

⑤ Let's talk about the importance of thinking.
   – 생각하는 것의 중요성에 대해 이야기하자.

⑥ What is its relevance to the topic?
   – 무엇이 주제에 대한 그것의 관련성이죠?

⑦ He resigned with great reluctance.
   – 그는 주저하면 사임을 했다.

⑧ The insurance company is not reliable.
   – 그 보험회사는 믿을 만하다.

⑨ He spent his monthly allowance in a day.
   – 그는 하루에 그의 한달 용돈을 썼다.

⑩ Appearance is overrated nowadays.
   – 요즘에 외모는 과대평가되고 있다.

2
활
용
문
장

ence

* 단어를 명사로 만드는 역할

1 **confidence** [컨피던스] **n** **자신감**
confident 자신 있는 + ence

2 **existence** [익지스턴스] **n** **존재**
exist 존재하다 + ence

3 **insistence** [인시스턴스] **n** **고집, 주장**
insist 고집하다 + ence

4 **innocence** [이노센스] **n** **무죄, 결백**
innocent 무죄인 + ence

5 **silence** [사일런스] **a** **조용함, 침묵**
silent 조용한 + ence

6 **presence** [프레선스] **n** **출석, 존재**
present 참석한 + ence

7 **absence** [앱센스] **n** **결석, 부재**
absent 결석한 + ence

8 **preference** [프레퍼런스] **n** **선호**
prefer 선호하다 + ence

9 **reverence** [레버런스] **n** **숭배, 경건**
revere 숭배하다 + ence

10 **adherence** [어드히어런스] **n** **고수, 고집, 충실**
adhere 들러붙다 + ence

1
활
용
어
휘

① **Where does your** confidence **come from?**
  – 너의 자신감은 어디서 오니?

② **I meditate on my** existence **every day.**
  – 나는 내 존재에 대해 매일 묵상한다.

③ **He pursued his dream with** insistence.
  – 그는 고집스럽게 그의 꿈을 추구했다.

④ **The man insisted on his** innocence.
  – 그 남자는 자신의 결백을 주장했다.

⑤ **The man closed his eyes** in silence.
  – 그는 조용히 눈을 감았다.

⑥ **Your** presence **is beneficial for us.**
  – 너의 존재는 우리에게 유익하다.

⑦ **They made a decision** in **my** absence.
  – 그들은 내가 없을 때 결정을 내렸다.

⑧ **What is your** preference**?**
  – 너가 선호하는 것은 무엇이니?

⑨ **He always looks at me with** reverence.
  – 그는 항상 경건하게 나를 본다.

⑩ **I like his strict** adherence **to the rule.**
  – 나는 그의 엄격한 규칙 준수를 좋아한다.

활용문장

ship

* '자격', '정신적 특성'의 의미 부여

① 활용어휘

① friendship [프랜드십] **n** 우정
  friend 친구 + ship

② membership [멤버십] **n** 회원증, 멤버십
  member 맴버 + ship

③ leadership [리더십] **n** 리더십
  leader 리더 + ship

④ fellowship [펠러우십] **n** 유대감, 동료애, 단체
  fellow 동료 + ship

⑤ ownership [오우너십] **n** 소유의식
  owner 주인 + ship

⑥ partnership [파트너십] **n** 파트너의식, 협력
  partner 파트너 + ship

⑦ relationship [릴레이션십] **n** 관계, 관련성
  relation 관계 + ship

⑧ citizenship [씨티즌십] **n** 시민의식
  citizen 시민 + ship

⑨ sportsmanship [스포츠맨십] **n** 스포츠맨 정신
  sportsman 스포츠맨+ ship

⑩ scholarship [스칼러십] **n** 학문, 장학금
  scholar 학자 + ship

① Our friendship will last forever.
 – 우리의 우정은 영원히 지속될 것이다.

② I didn't bring my membership card.
 – 나는 내 멤버십 카드를 갖고 오지 않았다.

③ She has a great leadership.
 – 그녀는 훌륭한 리더십을 갖고 있다.

④ I enjoy the fellowship with my friends.
 – 나는 친구들과 갖는 유대감이 좋다.

⑤ Ownership is required for our company.
 – 우리 회사에서는 소유의식이 요구된다.

⑥ He joined the partnership this year.
 – 그는 올해 협력에 참여했다.

⑦ Relationship is everything in life.
 – 삶은 관계가 전부다.

⑧ Jason acquired dual citizenship.
 – 제이슨은 이중국적을 얻었다.

⑨ The player showed true sportsmanship.
 – 그 선수는 진정한 스포츠맨 정신을 보였다.

⑩ The scholarship was granted to him.
 – 그 장학금은 그에게 수여되었다.

hood

1 **childhood** [차일드훗] **n** 어린시절
child 아이 + hood

2 **neighborhood** [네이버훗] **n** 인근, 근처, 이웃 사람들
neighbor 이웃 + hood

3 **boyhood** [보이훗] **n** 소년기
boy 소년 + hood

4 **adulthood** [어덜트훗] **n** 성인, 성인기
adult 어른 + hood

5 **brotherhood** [브라더훗] **n** 형제애
brother 형제 + hood

6 **sisterhood** [시스터훗] **n** 자매애
sister 자매 + hood

7 **likelihood** [라이클리훗] **n** 가능성
likely ~할 것 같은 + hood

8 **unlikelihood** [언라이클리훗] **n** 불가능함
un 부정 + likelihood 가능성

9 **falsehood** [폴스훗] **n** 거짓말
false 거짓된 + hood

10 **knighthood** [나이트훗] **n** 기사도
knight 기사 + hood

① **What was your** childhood **like?**
　– 너의 어린시절은 어땠어?

② **Spiderman is a friendly** neighborhood.
　– 스파이더맨은 다정한 이웃이다.

③ **He injured his shoulder in his** boyhood.
　– 그는 소년기에 어깨를 다쳤다.

④ **Our childhood affects our** adulthood.
　– 우리의 어린시절은 성인기에 영향을 미친다.

⑤ **The bond of** brotherhood **lasts long.**
　– 형제애의 유대감은 오래간다.

⑥ **What happened to your** sisterhood?
　– 당신의 자매애에 어떤 일이 생긴 거예요?

⑦ **There is a** likelihood **of him coming.**
　– 그가 올 가능성이 있다.

⑧ **The** unlikelihood **of a tax increase reduced.**
　– 세금 인상의 불가능성이 줄어들었다.

⑨ **I hate** falsehood **in any form.**
　– 나는 어떤 모습이든 거짓이 싫다.

⑩ **Paul received a** knighthood **at the end.**
　– 폴은 결국 기사도를 받았다.

logy

* '학문'이라는 의미 부여

1 **zoology** [주얼러지] **n** 동물학
zoo 동물원 + **logy**

2 **biology** [바이얼러지] **n** 생물학
bio 살아있는 + **logy**

3 **psychology** [싸이컬러지] **n** 심리학
psycho 정신 + **logy**

4 **geology** [쥐얼러지] **n** 지질학
geo 지질 + **logy**

5 **ideology** [이디얼러지] **n** 이념
ideal 이상적인 + **logy**

6 **phonology** [포놀러지] **n** 음운론
phone 소리, 음성 + **logy**

7 **sociology** [쏘시얼러지] **n** 사회학
social 사회 + **logy**

8 **archaeology** [알키얼러지] **n** 고고학
archaic 고대의 + **logy**

9 **ecology** [이콜러지] **n** 생태학
eco 생태 + **logy**

10 **terminology** [터미널러지] **n** 전문 용어
termino 단어, 표현 + **logy**

① I think zoology is an interesting subject.
- 난 동물학이 흥미로운 과목이라고 생각한다.

② I have to drop the biology course.
- 나는 그 생물학 수업을 취소해야 한다.

③ My psychology teacher is so cool.
- 나의 심리학 선생님은 정말 멋지다.

④ The geology of Korea is my interest.
- 한국의 지질학이 나의 관심분야이다.

⑤ The ideology was opposed by the crowd.
- 그 이념은 군중에 의해 반대되었다.

⑥ Phonology is a very difficult area.
- 음운론은 정말 어려운 분야이다.

⑦ What do you learn in sociology?
- 너는 사회학에서 무엇을 배우니?

⑧ I studied archaeology and acting.
- 나는 고고학과 연기를 공부했다.

⑨ My major is deep ecology.
- 내 전공은 심층 생태학이다.

⑩ I am memorizing medical terminology.
- 나는 의학 용어를 배우고 있다.

sect

ⓝ 종파, 분파
* '자르다'라는 의미 부여

1 **section** [섹션] ⓝ 부분, 구획
sect 자르다 + ion

2 **sectional** [섹셔널] ⓐ 부분적인
section 부분 + al

3 **sectionalize** [섹셔널라이즈] ⓥ 부분으로 나누다
section 부분 + alize

4 **subsection** [썹섹션] ⓝ (법의) 세부 항목
sub 아래 + section 부분

5 **insect** [인섹트] ⓝ 곤충
in 안에 + sect 자르다

6 **dissect** [디섹트] ⓥ 해부 절개하다
dis 떨어지는 + sect 자르다

7 **bisect** [바이섹트] ⓥ 2등분하다
bi 둘 + sect 자르다

8 **trisect** [트라이섹트] ⓥ 3등분하다
tri 셋 + sect 자르다

9 **intersect** [인털섹트] ⓥ 교차하다
inter 사이 + sect 자르다

10 **vivisect** [비비섹트] ⓥ (생체) 해부하다
vivi 생생한 + sect 자르다

1 활용어휘

① Which section will you cover?
　– 당신은 어떤 부분을 다룰 것입니까?

② This is a sectional goal of the party.
　– 이것은 파티의 부분적인 목표입니다.

③ Let's sectionalize the report.
　– 우리 그 리포트를 부분으로 나눕시다.

④ It's stated in the subsection.
　– 그것은 세부 항목에 기록되었습니다.

⑤ My hobby is to collect insects.
　– 내 취미는 곤충을 모으는 것이다.

⑥ In this class, students dissect frogs.
　– 이 수업에서 학생들은 개구리를 해부한다.

⑦ This project will bisect the city.
　– 이 프로젝트는 도시를 2등분할 것이다.

⑧ How can we trisect this mountain?
　– 어떻게 우리가 이 산을 3등분합니까?

⑨ The strings need to intersect at this point.
　– 그 선들은 이 지점에서 교차해야 합니다.

⑩ The police vivisected him for a clue.
　– 그 경찰은 단서를 위해 그를 해부했다.

diction

ⓝ 발음; 용어
* dict: '말'이라는 의미 부여

1 **dictate** [딕테이트] Ⓥ 받아쓰게 하다
dict 말 + ate

2 **dictation** [딕테이션] ⓝ 받아쓰기
dict 말 + ation

3 **dictionary** [딕셔너리] ⓝ 사전
dict 말 + ionary

4 **dictum** [딕텀] ⓝ 격언
dict 말 + um

5 **dictator** [딕테이러] ⓝ 독재자
dict 말 + ator

6 **predict** [프리딕트] Ⓥ 예상하다
pre 우선 + dict 말

7 **predictable** [프리딕터블] ⓐ 예상 가능한
predict 예상하다 + able 가능한

8 **unpredictable** [언프리딕터블] ⓐ 예상 가능하지 않은
un 부정 + predictable 예상 가능한

9 **addict** [어딕트] Ⓥ 중독시키다 ⓝ 중독자
ad 향하다 + dict 말

10 **benediction** [베네딕션] ⓝ 축도, 축복
bene 좋은 + dict 말

① You have to dictate this letter.
  – 너는 이 편지를 받아써야 한다.

② I am really good at dictation.
  – 나는 받아쓰기를 정말 잘한다.

③ I looked it up in the dictionary.
  – 나는 그것을 사전에서 찾아보았다.

④ Dictums are noteworthy statements.
  – 격언은 주목할 가치가 있는 말들이다.

⑤ He became a dictator at the end.
  – 그는 결국 독재자가 되었다.

⑥ I predicted that he would come back.
  – 나는 그가 돌아올 거라고 예상했다.

⑦ The earthquake is predictable.
  – 그 지진은 예상 가능하다.

⑧ The recession was unpredictable.
  – 그 경기 침체는 예상 가능하지 않았다.

⑨ He used to be a drug addict.
  – 그는 약물 중독자였다.

⑩ Benediction is an utterance of blessing.
  – 축도는 축복하는 말이다.

2 활용 문장

185

(s)pen

* '걸다'라는 의미 부여

❶ 활용어휘

❶ depend [디펜드] **v** 의지하다
de 아래에 + pend 걸다

❷ dependent [디펜던트] **a** 의존하는
depend 의지하다 + ent

❸ independent [인디펜던트] **a** 독립적인
in 반대 + dependent 의존하는

❹ independence [인디펜던스] **n** 독립
in 반대 + dependence 의존

❺ expend [익스펜드] **v** 쓰다, 들이다
ex 밖으로 + pend 걸다

❻ expenditure [익스펜디쳐] **n** 지출
expend 쓰다, 들이다 + iture

❼ spend [스펜드] **v** 쓰다
s [ex 밖으로] + pend 걸다

❽ stipend [스티펜드] **n** 봉급, 급료
stip(s) 임금 + pend 걸다

❾ suspend [서스펜드] **v** 매달다, 걸다
sus 아래로부터 + pend 걸다

❿ appendix [어펜딕스] **n** 맹장, 충수
ap ~에 + pend 걸다 + ix

① **We need** to depend **on someone.**
　– 우리는 누군가에게 의존할 필요가 있다.

② **He can't** be dependent **on people.**
　– 그는 사람들에게 의존할 수 없다.

③ Independent **people are good at surviving.**
　– 독립적인 사람들은 생존하는 것을 잘한다.

④ **The motto of my life is** independence.
　– 내 삶의 좌우명은 독립이다.

⑤ **Stop** expending **your energy on work.**
　– 일에 너의 에너지를 쓰는 것을 멈춰.

⑥ **Let's cut our** expenditure **on food.**
　– 우리 음식에 대한 지출을 줄입시다.

⑦ **How did you** spend **your spare time?**
　– 너는 여가시간을 어떻게 썼니?

⑧ **I will increase your** yearly stipend.
　– 나는 너의 연봉을 올리겠다.

⑨ **10 students** were suspended **from school.**
　– 10명의 학생이 정학을 당했다.

⑩ **She will have my** appendix **out.**
　– 그녀는 나의 맹장을 잘라낼 것이다.

cling

ⓥ 매달리다, 집착하다
* clin: '기대다'라는 의미 부여

① **clinic** [클리닉] **ⓝ 병원, 진료소**
  clin 기대다 + ic

② **clinical** [클리니컬] **ⓐ 임상의, 간소한**
  clin 기대다 + ical

③ **clingy** [클링이] **ⓐ 붙어서 떨어지지 않는**
  clin 기대다 + gy

④ **decline** [디클라인] **ⓝ 감소 ⓥ 감소하다, 쇠퇴하다**
  de 아래로 + clin 기대다

⑤ **declination** [데클러네이션] **ⓝ 기움, 경사**
  decline 쇠퇴, 감소 + ation

⑥ **incline** [인클라인] **ⓥ ~쪽으로 기울다**
  in ~쪽으로 + clin 기대다

⑦ **inclination** [인클러네이션] **ⓝ 의향, 성향**
  incline ~쪽으로 기울다 + ation

⑧ **recline** [리클라인] **ⓥ 비스듬히 기대다**
  re 다시 + clin 기대다

⑨ **reclination** [리클러네이션] **ⓝ 의지, 기대는 것**
  recline 비스듬히 기대다 + ation

⑩ **climate** [클라이밋] **ⓝ 기후**
  cli 기대다 + mate

❶ 활용어휘

① **This is the most expensive clinic.**
   – 이것은 가장 비싼 진료소이다.

② **The drug is going through clinical trials.**
   – 그 약은 임상 실험을 받고 있다.

③ **My pet is very clingy.**
   – 내 애완동물은 붙어서 안 떨어져.

④ **Persia was on decline after that.**
   – 페르시아는 그 이후로 쇠퇴했다.

⑤ **Can you explain what declination is?**
   – 경사가 무엇인지 설명해 주시겠어요?

⑥ **I am inclined to trust him.**
   – 저는 그를 신뢰하는 쪽으로 기울었어요.

⑦ **People show an inclination to survive.**
   – 사람들은 생존하려는 경향이 있어요.

⑧ **Never recline against the fence.**
   – 그 울타리에 절대로 기대지 마세요.

⑨ **A reclination is required for that.**
   – 그것을 위해 기대는 것이 필요해요.

⑩ **Many animals are endangered due to climate change.**
   – 많은 동물들이 기후 변화로 멸종 위기에 처해 있다.

2 활용 문장

189

struct

*'세우다', '짓다'라는 의미 부여

1 활용어휘

1 instruct [인스트럭트] **Ⅴ 지시하다, 지도하다**
in 안에 + struct 세우다

2 instruction [인스트럭션] **ⓝ 지시, 지시사항**
instruct 지시하다 + ion

3 destruct [디스트럭트] **Ⅴ 파괴하다**
de 제거 + struct 세우다

4 destructive [디스트럭티브] **ⓐ 파괴적인**
destruct 파괴하다 + ive

5 destruction [디스트럭션] **ⓝ 파괴, 파멸**
destruct 파괴하다 + ion

6 construct [컨스트럭트] **Ⅴ 건설하다**
con 함께 + struct 세우다

7 constructive [컨스트럭티브] **ⓐ 건설적인**
construct 건설하다 + ive

8 construction [컨스트럭션] **ⓝ 건설**
construct 건설하다 + ion

9 obstruct [옵스트럭트] **Ⅴ 방해하다**
ob 장애 + struct 세우다

10 obstruction [옵스트럭션] **ⓝ 방해**
obstruct 방해하다 + ion

① He instructed me on how to swim.
   – 그는 나에게 어떻게 수영하는지 지도했다.

② His instruction is always clear.
   – 그의 지시사항은 항상 명확하다.

③ The computer will self-destruct in 1 minute.
   – 그 컴퓨터는 1분 후에 자동 파괴할 것이다.

④ They are thinking of a destructive reform.
   – 그들은 파괴적은 개혁을 생각하고 있다.

⑤ It caused the destruction of the team.
   – 그것은 팀의 파멸을 야기했다.

⑥ He is in charge of constructing the tower.
   – 그는 탑을 건설하는 임무가 있다.

⑦ I always welcome a constructive feedback.
   – 나는 언제나 건설적인 피드백을 환영한다.

⑧ The apartment is under construction.
   – 그 아파트는 건설(공사) 중이다.

⑨ Please stop obstructing our plan.
   – 제발 우리의 계획을 방해하는 것을 멈춰.

⑩ That is the obstruction of justice.
   – 그것은 정의에 대한 방해이다.

duce/duct

1 **produce** [프로듀스] **V** 생산하다
pro 앞으로 + duce 이끌다

2 **deduce** [디듀스] **V** 추론[추정]하다, 연역하다
de 아래로 + duce 이끌다

3 **conduct** [컨덕트] **V** 하다, 지휘하다
con 함께 + duct 이끌다

4 **reduce** [리듀스] **V** 감소하다, 줄이다, (국물을) 졸이다
re 다시 + duce 이끌다

5 **seduce** [세듀스] **V** 유혹하다
se 멀리 + duce 이끌다

6 **induce** [인듀스] **V** 설득하다, 유도하다
in 안으로 + duce 이끌다

7 **adduce** [어듀스] **V** 제시하다
ad 향해서 + duce 이끌다

8 **reproduce** [리프로듀스] **V** 재생산하다, 복제하다
re 다시 + produce 생산하다

9 **introduce** [인트로듀스] **V** 소개하다
intro 안쪽으로 + duce 이끌다

10 **introduction** [인트로덕션] **n** 소개
introduce 소개하다 + ion

① **활용 어휘**

192

① **The factory is** producing **toys.**
- 그 공장은 장난감을 생산하고 있다.

② **I** deduced **your emotion from your look.**
- 난 너의 표정으로 너의 감정을 추론했다.

③ **They** conducted **a study last year.**
- 그들은 작년에 연구를 했다.

④ Reduce **water for 3 minutes.**
- 3분동안 물을 졸이세요.

⑤ **It is not right to** seduce **the man.**
- 그 남자를 유혹하는 것은 옳지 않아.

⑥ **This drug will** induce **you to sleep.**
- 이 약은 너가 잠을 자도록 유도할 것이다.

⑦ **It is allowed to** adduce **a quotation.**
- 인용구를 제시해도 된다.

⑧ **It is illegal to** reproduce **this design.**
- 이 디자인을 복제하는 것은 불법이다.

⑨ **Let me** introduce **myself to you all.**
- 여러분 모두에게 저를 소개하겠습니다.

⑩ **Self-**introduction **skill is very important.**
- 자기소개 기술은 정말 중요하다.

2
활
용
문
장

rupt

* '깨다', '부수다'라는 의미 부여

1 **erupt** [이럽트] **V** 분출하다
ex 밖으로 + rupt 깨다

2 **eruption** [이럽션] **n** 분출
erupt 분출하다 + ion

3 **interrupt** [인터럽트] **V** 불쑥 끼어들다
inter 사이에 + rupt 깨다

4 **interruption** [인터럽션] **n** 난입, 침입
interrupt 불쑥 끼어들다 + ion

5 **corrupt** [커럽트] **a** 부패한
com 완전히 + rupt 깨다

6 **corruption** [커럽션] **n** 부패
corrupt 부패한 + ion

7 **disrupt** [디스럽트] **V** 방해하다, 파괴하다
dis 분리 + rupt 깨다

8 **disruption** [디스럽션] **n** 방해, 붕괴
disrupt 방해하다 + ion

9 **abrupt** [업럽트] **a** 돌연한
ab 향해서 + rupt 깨다

10 **bankrupt** [뱅크럽트] **a** 파산한
bank 은행 + rupt 깨다

① **This volcano might erupt this year.**
　– 이 화산은 올해 분출할 수 있다.

② **The volcanic eruption threatened people.**
　– 화산의 분출은 사람들을 위협했다.

③ **He interrupted the game for no reason.**
　– 그는 이유 없이 게임에 불쑥 끼어들었다.

④ **Your interruption is not timely at all.**
　– 너의 난입은 시기적으로 전혀 적절치 않다.

⑤ **The corrupt officials love bribes.**
　– 그 부패한 공무원들은 뇌물을 좋아한다.

⑥ **Corruption needs to be rooted out.**
　– 부패는 뿌리를 뽑아야 한다.

⑦ **Your idea can disrupt our family.**
　– 너의 생각은 우리 가족을 파괴할 수 있어.

⑧ **The storm caused some serious disruption.**
　– 그 폭풍은 심각한 붕괴를 야기했다.

⑨ **His abrupt comment shocked everyone.**
　– 그의 돌연한 언급은 모두를 놀라게 했다.

⑩ **The company went bankrupt.**
　– 그 회사는 파산하고 말았다.

2 활용 문장

mit

1 **emit** [에밋] **V** (밖으로) 내보내다
ex 밖으로 + mit 보내다

2 **emission** [에미션] **n** 방출
emit (밖으로) 내보내다 + sion

3 **omit** [오밋] **V** 생략하다
o(b) 아래로 + mit 보내다

4 **remit** [리밋] **V** 다시 보내다, 면제하다
re 다시 + mit 보내다

5 **vomit** [바밋] **V** 토하다
vo + mit 보내다

6 **submit** [서브밋] **V** 제출하다
sub 아래로 + mit 보내다

7 **permit** [펄밋] **V** 허락하다
per 완전히 + mit 보내다

8 **commit** [컴밋] **V** 저지르다
com 함께 + mit 보내다

9 **admit** [어드밋] **V** 인정하다
ad 향하여 + mit 보내다

10 **transmit** [트랜스밋] **V** 전송하다, 전염시키다
trans 가로질러 + mit 보내다

① This machine can emit a signal.
   – 이 기계는 신호를 내보낼 수 있다.

② The emission of heat saved all of us.
   – 열의 방출은 우리 모두를 살렸다.

③ In English, you can't omit subjects.
   – 영어에서 너는 주어를 생략할 수 없다.

④ The school decided to remit the fine.
   – 학교는 벌금을 면제하기로 결정했다.

⑤ He started vomiting in the car.
   – 그는 차에서 토하기 시작했다.

⑥ You need to submit it by February 2.
   – 너는 그것을 2월 2일까지 제출해야 한다.

⑦ Your organization never permits it.
   – 너의 기관을 결코 그것을 허락하지 않아.

⑧ Those who committed the crime is insane.
   – 그 범죄를 저지른 이들은 제정신이 아니다.

⑨ I admit that I was wrong.
   – 제가 잘못한 것을 인정합니다.

⑩ It failed to transmit the file again.
   – 그것은 또 파일을 전송하는 데 실패했습니다.

jet

ⓝ 제트기, 분출(구)
* je(c)t: '던지다'라는 의미 부여

① 활 용 어 휘

① **reject** [리젝트] Ⓥ 거부[거절]하다
　re 다시 + ject 던지다

② **inject** [인젝트] Ⓥ 주사하다
　in 안으로 + ject 던지다

③ **project** [프로젝트] ⓝ 계획 Ⓥ 계획[기획]하다
　pro 앞으로 + ject 던지다

④ **subject** [서브젝트] ⓝ 주제, 과목 Ⓥ ~에 지배를 받다
　sub 아래 + ject 던지다

⑤ **object** [옵젝트] ⓝ 물건, 물체; 대상 Ⓥ 반대하다
　ob 반대로 + ject 던지다

⑥ **eject** [이젝트] Ⓥ 쫓아내다
　e(x) 밖으로+ ject 던지다

⑦ **deject** [디젝트] Ⓥ 낙담시키다
　de 아래로 + ject 던지다

⑧ **abject** [업젝트] ⓐ 비참한
　ab 멀리 + ject 던지다

⑨ **projector** [프로젝터] ⓝ 영사기
　pro 앞으로 ject 던지다 + or

⑩ **conjecture** [콘젝쳐] ⓝ 추측 Ⓥ 추측하다
　con 함께 + ject 던지다 + ure

① Please press the 'reject' button.
　– '거절하기' 버튼을 누르세요.

② Inject the antibiotics into his body.
　– 항생제를 그의 몸에 주사하세요.

③ The project is beyond our capacity.
　– 그 계획은 우리 능력 밖이다.

④ People are subject to the law of nature.
　– 사람들은 자연의 법의 지배를 받는다

⑤ The students object to learning that.
　– 학생들은 그것을 배우는 것을 반대한다.

⑥ They ejected him at the end.
　– 그들은 결국 그를 내쫓았다.

⑦ The professor said in a dejected tone.
　– 그 교수는 낙담한 톤으로 말했다.

⑧ The bagger looks so abject.
　– 그 거지는 정말 비참해 보인다.

⑨ The projector was broken last night.
　– 그 영사기는 어제 밤에 고장이 났다.

⑩ It's a pure conjecture.
　– 이것은 순전한 추측이다.

❷ 활용 문 장

motor

ⓝ 자동차 (모터), 원동력
* mot/mov(b): '움직이는'이라는
의미 부여

❶ 활용어휘

① **motion** [모션] ⓝ 움직임
mot 움직이는 + ion

② **motive** [모티브] ⓝ 동기, 이유
mot 움직이는 + ive

③ **motivate** [모티베이트] ⓥ 동기 부여하다
mot 움직이는 + ivate

④ **motivation** [모티베이션] ⓝ 동기 부여, 자극
motivate 동기 부여하다 + tion

⑤ **motorcycle** [모토사이클] ⓝ 오토바이
motor 모터 + cycle 자전거

⑥ **move** [무브] ⓥ 움직이다
mov 움직이는 + e

⑦ **remove** [리무브] ⓥ 치우다, 제거하다
re 다시 + move 움직이다

⑧ **movie** [무비] ⓝ 영화
mov 움직이는 + ie

⑨ **mobile** [모바일] ⓐ 이동식의
mob 움직이는 + ile

⑩ **mobilize** [모빌라이즈] ⓥ (사람, 자원을) 동원하다
mob 움직이는 + ilize

① I will film the wedding in slow motion.
– 나는 그 결혼식을 느린 동작으로 찍을 거다.

② What is your motive for studying?
– 너의 공부하는 동기가 무엇이니?

③ He motivated me to read a lot.
– 그는 내가 책을 많이 읽도록 동기부여했다.

④ Motivation is being studied intensively.
– 동기부여는 집중적으로 연구되고 있다.

⑤ I got a motorcycle on my birthday.
– 나는 생일에 오토바이를 받았다.

⑥ Move as quickly as possible.
– 가능한 최대한 빨리 움직이세요.

⑦ Remove the lid from the container.
– 용기의 뚜껑을 제거해라.

⑧ This movie is my favorite.
– 이 영화는 내가 정말 좋아하는 것이다.

⑨ Soon, a mobile computer will be invented.
– 곧 이동식 컴퓨터가 발명될 것이다.

⑩ He mobilized 100 soldiers in the protest.
– 그는 100명의 군인을 시위에 동원했다.

2 활용문장

roll

ⓥ 굴러가다, 구르다, 말다
* ro, rota: '돌다', '말다'라는 의미 부여

1 **rolling** [롤링] ⓐ 구르는
ro 돌다 + lling

2 **role** [롤] ⓝ 역할, 임무
ro 돌다 + le

3 **role-play** [롤플레이] ⓝ 역할극
role 역할 + play 연기

4 **round** [라운드] ⓐ 둥근, 동그란
ro 돌다 + und

5 **enroll** [인롤] ⓥ 등록하다
in → en 안으로 + roll 말다

6 **enrollment** [인롤먼트] ⓝ 등록, 등록자 수
enroll 등록하다 + ment

7 **control** [컨트롤] ⓥ 통제하다
contra 반대로 + roll(rota) 말다

8 **rotate** [로테잇] ⓥ 회전하다, 교대로 하다
rota 돌다 + te

9 **rotation** [로테이션] ⓝ 회전, 교대근무
rotate 회전하다 + tion

10 **rotund** [로턴드] ⓐ 둥실둥실한
ro 돌다 + und

① A rolling stone gathers no moss.
  – 구르는 돌에는 이끼가 안 낀다.

② What is my role in this project?
  – 이 프로젝트에서 저의 역할이 무엇이죠?

③ Role-play is useful in learning a language.
  – 역할극은 언어를 배우는데 유용하다.

④ I love this round plate.
  – 나는 이 둥근 접시를 좋아한다.

⑤ 100 students enrolled in the course.
  – 100명의 학생들이 그 수업에 등록했다.

⑥ The enrollment topped 100.
  – 등록자는 100명을 넘었다.

⑦ The government is under their control.
  – 그 정부는 그들의 통제 안에 있다.

⑧ The nurses are rotating the night shifts.
  – 그 간호사들은 야간근무를 교대로 하고 있다.

⑨ The two languages are learned in rotation.
  – 그 두 언어는 교대로 배워진다.

⑩ The rotund boy is very smart.
  – 그 둥실둥실한 소년은 매우 똑똑하다.

2 활용문장

203

test

ⓝ 시험, 검사
*** '목격하다'라는 의미 부여**

① **testify** [테스티파이] **ⓥ 증언하다, 신앙 간증을 하다**
   test 목격하다 + ify

② **testimony** [테스티모니] **ⓝ 증거, 증언, 간증**
   test 목격하다 + imony

③ **attest** [어테스트] **ⓝ 증명 ⓥ 증언하다**
   at 향하여 + test 목격하다

④ **attestor** [어테스터] **ⓝ 증언자**
   attest 증명, 증언하다 + or

⑤ **protest** [프로테스트] **ⓥ 항의하다, 시위하다**
   pro 앞으로 + test 목격하다

⑥ **protestant** [프로테스턴트] **ⓝ (개)신교도**
   protest 항의하다, 시위하다 + ant

⑦ **detest** [디테스트] **ⓥ 몹시 싫어하다**
   de 아래로 + test 목격하다

⑧ **detestable** [디테스터블] **ⓐ 혐오스러운**
   detest 몹시 싫어하다 + able ~할 수 있는

⑨ **contest** [콘테스트] **ⓝ 대회, 시합**
   con 함께 + test 목격하다

⑩ **contestant** [콘테스턴트] **ⓝ (대회) 참가자**
   contest 대회 + ant

① I want to testify to love.
　– 나는 사랑을 증언하고 싶다.

② His testimony is touching.
　– 그의 간증은 감동적이다.

③ It attest to his integrity.
　– 그것은 그의 진실성을 증언한다.

④ The old man is the attestor.
　– 그 노인은 증언자이다.

⑤ They decided to stage a protest.
　– 그들은 항의 집회를 주최하기로 결정했다.

⑥ My grandfather was a Protestant.
　– 나의 할아버지는 신교도셨다.

⑦ I detest cowards.
　– 나는 겁쟁이를 몹시 싫어한다.

⑧ His behavior is detestable.
　– 그의 행동은 혐오스럽다.

⑨ I will compete with him at the contest.
　– 나는 그 대회에서 그와 경쟁할 것이다.

⑩ There will be 100 contestants.
　– 100명의 참가자들이 있을 것이다.

verse

ⓝ (시의) 연, (노래의) 절
* ver(se): '(방향을) 돌리다'라는
의미 부여

1 **converse** [컨벌스] Ⓥ 대화를 나누다
con 함께 + verse 방향을 돌리다

2 **conversation** [컨벌세이션] ⓝ 대화
converse 대화를 나누다 + tion

3 **universe** [유니버스] ⓝ 우주
uni 하나 + verse 방향을 돌리다

4 **diverse** [다이벌스] ⓐ 다양한
di 따로 + verse 방향을 돌리다

5 **reverse** [리벌스] Ⓥ 반전시키다
re 다시 + verse 방향을 돌리다

6 **convert** [컨벌트] Ⓥ 전환시키다, 개종시키다
con 강조 + verse 방향을 돌리다

7 **advert** [어드벌트] Ⓥ 언급하다, 주의를 돌리다
ad ~를 향해 + verse 방향을 돌리다

8 **advertisement** [어드벌타이즈먼트] ⓝ 광고
advert 언급하다 + verse 방향을 돌리다 + ment

9 **extraverted** [엑스트라벌티드] ⓐ 외향적인
extra 가외의 + verse 방향을 돌리다 + (e)d

10 **introverted** [인트로벌티드] ⓐ 내향적인
intro 안으로 + verse 방향을 돌리다 + (e)d

① I enjoy conversing with her.
 – 나는 그녀와 대화하는 것을 즐긴다.

② Our conversation will end soon.
 – 우리의 대화는 곧 끝날 것이다.

③ Universe is beyond my imagination.
 – 우주는 나의 상상 이상이다.

④ My research interests are very diverse.
 – 내 연구 관심은 매우 다양하다.

⑤ We need to reverse the economic decline.
 – 우리는 경제적 쇠퇴를 반전시켜야 한다.

⑥ The monk was converted to Christianity.
 – 그 수도승은 기독교로 개종됐다.

⑦ They adverted to his opinion.
 – 그들은 그의 의견을 언급했다.

⑧ The advertisement is very persuasive.
 – 그 광고는 아주 설득력 있다.

⑨ My boyfriend is very extraverted.
 – 내 남자친구는 아주 외향적이다.

⑩ I hang out with introverted people.
 – 나는 내향적인 사람과 논다.

활용문장 2

volume

ⓝ 두루마리; 부피, 양
* wel: '말다', '돌다'라는
의미 부여

1 **voluted** [벌루티드] ⓐ 나선형의
vol 말다 + uted

2 **voluble** [벌류어블] ⓐ 열변을 토하는, 입심 좋은
vol 말다 + uble

3 **volution** [벌루션] ⓝ 소용돌이
vol 말다 + ution

4 **involve** [인볼브] ⓥ 포함하다
in 안으로 + volve 말다

5 **devolve** [디볼브] ⓥ 양도하다, 맡다
de 아래로 + volve 말다

6 **evolve** [이볼브] ⓥ 진화하다
e(x) 밖으로 + volve 말다

7 **evolution** [에볼루션] ⓝ 진화
evolve 진화하다 + tion

8 **revolve** [리볼브] ⓥ 돌다
re 다시 + volve 말다

9 **revolution** [레볼루션] ⓝ 혁명
revolve 돌다 + tion

10 **revolt** [리볼트] ⓝ 반란, 봉기 ⓥ 들고 일어나다
re 다시 + volt 말다

① **A lot of his works** are voluted.
　– 많은 그의 작품은 나선형이다.

② **Jane is a very** voluble **woman.**
　– 제인은 매우 입심 좋은 여자다.

③ Volution **is a rolling motion.**
　– 소용돌이는 돌아가는 움직임이다.

④ **This project** involves **a lot of work.**
　– 이 계획은 많은 일을 포함한다.

⑤ **We** will devolve **our power downwards.**
　– 우리는 권력을 아래로 양도할 것이다.

⑥ **It** will evolve **into a supercomputer.**
　– 그것은 슈퍼 컴퓨터로 진화할 것이다.

⑦ **He proved that** evolution **is wrong.**
　– 그는 진화가 잘못되었다고 입증했다.

⑧ **The earth** revolves **around the sun.**
　– 지구는 태양 주위를 돈다.

⑨ **This movie is a** revolution.
　– 이 영화는 혁명이다.

⑩ **My son** revolted **against the bad guys.**
　– 내 아들은 악당들에 맞서 들고 일어났다.

활용문장 ❷

2 Part

줄줄이 꼬리
영어 패턴

able	note	fore	ism
act	out	neo	ist
anti	over	para/paro	er
any	part	syn/sym	ity
auto	port	sur	ance
ball	pose	inter	ence
board	script	bene	ship
book	sense	com/con	hood
check	serve	dis/di	logy
color	sight	ex	sect
count	sign	re	diction
cover	some	trans	(s)pen
down, every	some	per	cling
extra	step	post	struct
form	super	pro	duce/duct
graph	text	hyper	rupt
home	time	ment	mit
life	touch	ly	jet
line	under	tion/sion	motor
match	up	ee	roll
max, multi, psycho	vision	ate	test
mega	un	less	verse
mind	un	(i)fy	volume
mini	in	ize	
	en	ful	

able

표현패턴 ❶

This pet is so   likeable.
                 loveable.
                 reliable.

이 반려동물은 정말 ~(하)다   마음에 드는.
                              사랑스러운.
                              신뢰할 만한.

표현패턴 ❷

My dream is to make this community   manageable.
                                        peaceable.
                                        controllable.

내 꿈은 만드는 것이다 이 공동체를   감당할 수 있게.
                                      평화로울 수 있게.
                                      통제할 수 있게.

표현패턴 ❸

The most noticeable thing in our life is   appearance.
                                           culture.
                                         language.

가장 두드러지는 것은 우리 삶에서 ~이다   외모.
                                        문화.
                                      언어.

표현패턴 ❹

It is preferable to   study hard.
                       live to the fullest.
                       respect others.

선호할 만하다   열심히 공부하는 것은.
                    최선을 다해 사는 것은.
                    다른 사람을 존중하는 것은.

act

표현 패턴 1

He came to LA to became a Hollywood   actor.

                                             actress.

                                             star.

그는 왔다 LA로 되기 위해 할리우드   배우가.

                                           여배우가.

                                           스타가.

표현 패턴 2

His   action   shows how fast he is.

      reaction

      motion

그의   동작은   보여준다 얼마나 빠른 지 그가.

      반응은

      움직임은

표현 패턴 3

The students joined the discussion   actively.

                                           reluctantly.

                                           happily.

그 학생들은 참여했다 토론에   적극적으로.

                                주저하며.

                                기쁘게.

표현 패턴 4

I do not think we can activate the   production   of the company.

                                     education

                                     project

나는 생각하지 않는다 우리가 작동시킬 수 있다고   생산을   우리 회사의.

                                                         교육을

                                                         프로젝트를

anti

The antibody   is very rare   according to the report.
              is carriable
              is stable

그 항체는   아주 드뭅니다   보고에 따르면.
           옮길 수 있습니다
           안정적입니다

Tomorrow, I will visit the   antinuclear   organization.
                            antismoking
                            antipollution

내일 나는 방문할 것이다 그   원자력 발전에 반대하는   조직에.
                          흡연을 반대하는
                          공해를 방지하는

The antihero   is annoying.
               is selfish.
               is cowardly.

그 영웅답지 않은 주인공은   짜증난다.
                          이기적이다.
                          겁쟁이다.

His project   is antisocial.
              is antiwar.
              is antinuclear.

그의 프로젝트는   반사회적이다.
               전쟁을 반대한다.
               핵 에너지 사용을 반대한다.

any

표현패턴 1

He can do   **anything**   to achieve this goal.
             many things
             three things

그는 할 수 있다   무엇이든   성취하기 위해서 이 목적을.
               많은 것을
               세 가지를

표현패턴 2

Is there anyone who can   **help me?**
                     play the guitar?
                     solve the problem?

있습니까 ~하는 사람이   저를 도울 수 있는?
                 기타를 칠 수 있는?
                 문제를 해결할 수 있는?

표현패턴 3

You can visit my place   **anytime.**
                   this afternoon.
                   tomorrow.

당신은 방문할 수 있다 나의 집을   언제든지.
                      오늘 오후에.
                      내일.

표현패턴 4

Anyway, why is he so   **angry?**
                 happy?
                 weird?

어쨌든, 왜 그는 그렇게   화가 났죠?
                 기쁘죠?
                 이상하죠?

auto

The automobile   surprised everyone in the room.
      autobiography
      autohypnosis

그 자동차는   놀라게 했다 모든 사람들을 방에 있는.
    자서전은
    자기 최면은

Some countries criticized the of the autonomy   of the nation.
                                       autocracy
                                       leader

몇몇 나라는 비난했다 자치권을   그 나라의.
                    독재정치를
                    리더를

Breathing   is an automatic function of the body.
Dreaming
Sleeping

숨을 쉬는 것은   이다 무의식으로 나오는 작용 몸의.
꿈을 꾸는 것은
잠을 자는 것은

The company automated the production line.
                           process.
                           function.

그 회사는 자동화했다 생산 라인을.
                    과정을.
                    기능을.

ball

My hobby is playing   baseball.
football.
basketball.

내 취미는 하는 것이다   야구를.
미식축구를.
농구를.

My brother is a professional   volleyball   player.
dodgeball
handball

내 남자형제는 프로   배구   선수이다.
피구
핸드볼

The first one to   blow up   the balloons wins.
pop
tie

처음으로 사람이   부는   풍선을 이긴다.
터뜨리는
묶는

I am going to add to   meatballs   the dish.
potatoes
tomatoes

나는 더할 것이다   미트볼을   그 접시에.
감자를
토마토를

board

표현패턴 1

All the **crews** are on board. Let's start.
　　　passengers
　　　contestants

모든 선원은　　탑승해있다. 시작하자.
　　승객들은
　　참가자들은

표현패턴 2

The **billboard** is too colorful to look at.
　　keyboard
　　dashboard

그 광고판은　너무 다채롭다 보기에.
　　키보드는
　　계기판은

표현패턴 3

My wife bought a **surfboard** last month.
　　　　　　　board game
　　　　　　　blackboard

내 아내는 샀다　서핑보드를　지난 달에.
　　　　　보드 게임을
　　　　　칠판을

표현패턴 4

There are so many **utensils** in the cupboard.
　　　　　　　tools
　　　　　　　plates

있다 아주 많은　주방 용품이　벽장 안에.
　　　　　공구가
　　　　　접시가

book

표현패턴 1

Our office needs a   **bookshelf.**
                             bookcase.
                             desk.

우리 사무실은 필요하다   책꽂이가.
                         책장이.
                         책상이.

표현패턴 2

All the rooms in the hotel are   **booked.**
                                      available.
                                      occupied.

모든 방은 그 호텔의   예약되었다.
                     이용 가능하다.
                     사용 중이다.

표현패턴 3

I will write that down on this   **booklet.**
                                    notebook.
                                    cookbook.

나는 쓸 것이다 그것을 이   작은 책자에.
                         공책에.
                         요리책에.

표현패턴 4

Some people prefer   **buying e-books**   **to going to a bookstore.**
                        borrowing books
                        going to a theater

몇몇 사람들은 선호한다   전자책 사는 것을   가는 것보다 서점에.
                      책을 빌리는 것을
                      영화관에 가는 것을

check

표현패턴 1

We are planning to   check in   at 11 p.m. tomorrow.
check out

우리는 계획하고 있다   체크인 하기로   오후 11시에 내일.
체크 아웃 하기로

표현패턴 2

I do not think we   can get to   the checkpoint.
can pass
can find

나는 생각하지 않는다 우리가   도달할 수 있다고   검문소에/를.
통과할 수 있다고
찾을 수 있다고

표현패턴 3

The employer asked me   to recheck   the report.
to double-check
to go over

그 고용인은 부탁했다 나에게   재검토하라고   그 보고를.
다시 한번 확인하라고
훑어보라고

표현패턴 4

Did you bring our   checklist?
checkbook?
paycheck?

당신은 가져왔습니까 우리의   확인사항을?
수표장을?
급료를?

color

표현패턴 ❶

I love how **colorful** this painting is.
colorless
cheap

나는 좋아한다 다채로운 것이 이 그림이.
색이 없는 것이
싼 것이

표현패턴 ❷

Can you **colorize** this dress by tomorrow?
decolorize
fix

할 수 있나요 당신은 색 입히는 것을 이 드레스를 내일까지?
색 없애는 것을
고치는 것을

표현패턴 ❸

I do not know anything about **coloring.**
color print.
watercolor.

나는 알지 못한다 아무것도 대해서 색 입히는 것에.
컬러 인화에.
수채화에.

표현패턴 ❹

This is the **minimum** color degree.
maximum
changed

이것은 이다 최소 색도이다.
최대
바뀐

count

Accountants are responsible for   keeping   financial records.
                                        interpreting
                                        handling

회계사는 책임이 있다   관리하는   재정 기록을.
                      분석하는
                      다루는

They started to count down to   zero.
                               Christmas.
                               D-day.

그들은 시작했다 카운트 다운을   영까지.
                          크리스마스까지.
                          디데이까지.

Sorry, I think I   miscounted   by mistake.
                    overcounted
                    undercounted

미안해, 나는 생각해 내가   잘못 세었다고   실수로.
                        많이 세었다고
                        적게 세었다고

Please tell me three   countable   words in English.
                         uncountable
                         abstract

제발 말해줘요 저에게 세 개의   셀 수 있는   영어 단어를.
                            셀 수 없는
                            추상적인

cover

표현패턴 ①

The explorers discovered   a rare ant.
a weird spider.
a big shark.

그 탐험가들은 발견했다   희귀한 개미를.
이상한 거미를.
큰 상어를.

표현패턴 ②

The   recovery   of the earth is being discussed.
potential
pollution

회복은   지구의 토론되고 있다.
가능성은
오염은

표현패턴 ③

Why is this   cup   coverless?
book
pan

왜 이   컵은   덮개가 없죠?
책은
팬은

표현패턴 ④

The roof of the house was covered with   snow.
ice.
sand.

지붕은 그 집의 덮여 있다   눈으로.
얼음으로.
모래로.

down, every

The figures show a(n)   downward   trend in unemployment.
                        upward
                        long-term

그 수치들은 나타낸다   하향   추세를 실직에서의.
                     상향
                     장기적인

Which bus do I have to take to go   downtown?
                                    home?
                                    there?

어느 버스를 제가 타야 하나요 가려면   시내에?
                                   집에?
                                   거기에?

I could remember   everything   he was saying.
                   everyone
                   every moment

나는 기억할 수 있었다   모든 것을   그가 말하고 있는.
                     모든 사람을
                     모든 순간을

Engineers inspect the machines   every day.
                                 every week.
                                 every year.

기술자들은 점검한다 그 기계들을   매일.
                              매주.
                              매년.

extra

He is more   extraverted   than you think.
　　　　　　　introverted

그는 이다 더 외향적   너가 생각하는 것보다.
　　　　　　 내향적

The children are too busy with   extracurricular   activities.
　　　　　　　　　　　　　　　　　afterschool
　　　　　　　　　　　　　　　　　volunteering

그 아이들은 아주 바쁘다 과외　　 활동으로.
　　　　　　　　　　　　 방과 후
　　　　　　　　　　　　 자원봉사

I was happy to hear about the extra revenue.
　　　　　　　　　　　　　　　　　　 food.
　　　　　　　　　　　　　　　　　　 source.

나는 기뻤다 ~에 대해 들어서 추가적인 수입.
　　　　　　　　　　　　　　　　　　　음식.
　　　　　　　　　　　　　　　　　　　자원.

Sharon is extra-special because she is always happy.
　　　　　　　　　　　　　　　　　　　　　　cheerful.
　　　　　　　　　　　　　　　　　　　　　　joyful.

샤론은 아주 특별하다 왜냐하면 그녀는 항상 행복해서.
　　　　　　　　　　　　　　　　　　　　　 활기차서.
　　　　　　　　　　　　　　　　　　　　　 기뻐서.

form

How can I get the format?
formula?
formation?

어떻게 제가 얻나요 그 판형을?
공식을?
형태를?

My brother is trying to formulate a plan.
long term goal.
sentence.

내 남자형제는 형성하려고 한다 계획을.
장기 목표를.
문장을.

The accident completely reformed   my friends.
deformed
transformed

그 사고는 완전히 교화했다   내 친구들을.
망가뜨렸다
완전히 바꾸었다

The professor informed me of the program.
scholarship.
job opening.

그 교수는 알렸다 나에게 ~에 대해 그 프로그램.
장학금.
채용 공고.

graph

The next paragraph is very easy.
                            coherent.
                            irrelevant.

그 다음 단락은 아주 쉽다.
                     조리있다.
                     관련 없다.

My sister wants to be a graphic designer.
                            photographer.
                            biographer.

내 여동생은 원한다 되는 것을 그래픽 디자이너.
                               사진사.
                               전기 작가.

This thermograph was broken one year ago.
      machine
      printer

이 온도 기록계는 망가졌다 일년 전에.
    기계는
    프린터는

The graphic novel   is well-made.
           visualization
           theory

그 그래픽 소설은   잘 만들어졌다.
         가시화는
         이론은

home

My plan is   to do homework.
            to homeschool.
            to take a nap.

내 계획은 이다   숙제하는 것.
            홈스쿨을 하는 것.
            낮잠 자는 것.

Can you tell me where your   hometown   is?
                            homeland
                            address

말해줄 수 있나요 나에게 어디가 당신의   고향   인지?
                            고국
                            주소

The rich   are living in this area.
The poor
The homeless

부자들은   살고 있다 이 지역에.
가난한 사람들은
집이 없는 사람들은

Tom's house is always   homelike.
                       decorated.
                       clean.

톰의 집은 항상   우리 집 같다.
                장식되어 있다.
                깨끗하다.

life

표현패턴 1

The lifeboat saved many people's life.
　　 lifeline
　　 life vest

그 구조선은 　 구했다 많은 사람들의 생명을.
　 구명 밧줄은
　 구명조끼는

표현패턴 2

This dog seems to be lifeless.
　　　　　　　 be alive.
　　　　　　　 be strong.

이 개는 ~인 것 같다 　생명이 없는.
　　　　　　　　　 살아 있는.
　　　　　　　　　 강한.

표현패턴 3

We need to set a healthy lifestyle.
　　　 to maintain
　　　 to have

우리는 필요하다 정하는 것이 　 건강한 생활 방식을.
　　　　　　 유지하는 것이
　　　　　　 갖는 것이

표현패턴 4

This is a lifetime ambition.
　　　　　　　　 commitment.
　　　　　　　　 achievement.

이것은 ~이다 평생의 　야망.
　　　　　　　 헌신.
　　　　　　　 업적.

line

표현 패턴 ①

My son is taking   online   courses this semester.
                   offline
                   four

나의 아들은 듣고 있다   온라인   수업을 이번 학기에.
                        오프라인
                        네 개의

표현 패턴 ②

Look at the skyline. It's so   beautiful.
                               amazing.
                               pretty.

보아라 스카이라인을. 정말   아름답다.
                            놀랍다.
                            예쁘다.

표현 패턴 ③

I will first   outline   what we will do today.
               explain
               talk about

나는 먼저   개요를 서술할 것이다   무엇을 우리가 할지 오늘.
            설명할 것이다
            말할 것이다

표현 패턴 ④

The city is famous for its   coastline.
                             pipeline.
                             population.

그 도시는 유명하다   해안 지대로.
                     지역 배관으로.
                     인구수로.

match

표현패턴 1

The technology of the company　is matchless.
　　　　　　　　　　　　　　　　is unmatchable.
　　　　　　　　　　　　　　　　is unbelievable.

기술은 그 회사의　독보적이다.
　　　　　　　　　필적하기 어렵다.
　　　　　　　　　믿을 수 없다.

표현패턴 2

This table does not have a matching　chair.
　　　　　　　　　　　　　　　　　　tablecloth.
　　　　　　　　　　　　　　　　　　spoon.

이 탁자는 가지고 있지 않다 어울리는　의자를.
　　　　　　　　　　　　　　　　　　탁자보를.
　　　　　　　　　　　　　　　　　　숟가락을.

표현패턴 3

Everyone failed　to light　a matchstick.
　　　　　　　　to get
　　　　　　　　to sell

모두들 실패했다　켜는데　성냥개비를.
　　　　　　　　얻는데
　　　　　　　　파는데

표현패턴 4

The rematch of the　final　　　will be very interesting.
　　　　　　　　　　semifinal
　　　　　　　　　　game

그 재시합은　결승전의　아주 흥미로울 것이다.
　　　　　　　준결승전의
　　　　　　　게임의

231

max, multi, psycho

표현패턴 1

They will face a maximum   jail term.
                          military term.
                          expense.

그들은 직면할 것이다 최대   징역을.
                      병역 기간을.
                      비용을.

표현패턴 2

Can you six   multiply   by three?
              divide

당신은 6을   곱할 수 있나요   3으로?
            나눌 수 있나요

표현패턴 3

The   multicultural   city must be his hometown.
      multinational
      multilingual

그   다문화   도시는 것입니다   그의 고향일.
    다국적
    다국어

표현패턴 4

They want to do research on   psychiatry.
                            psychology.
                            psychotherapy.

그들은 원한다 연구하는 것을   정신의학을.
                      심리학을.
                      정신치료를.

mega

I was amazed to see the megastar.
                       megastore.
                       megabank.

나는 놀랐다 보고 그 초대형 스타를.
             초대형 상점을.
             초대형 은행을.

The megaphone   will destroy our community.
     megaproject
     megaquake

그 확성기는   파괴할 것이다 우리 공동체를.
  거대 프로젝트는
  거대 지진은

I think   what you think is a form of megalomania.
  feel
  assume

내 생각에   너가 생각하는 것은 일종의 과대망상이야.
  느낌에
  가정에

YouTube   is a megatrend nowadays.
Instagram
Facebook

유튜브는   대세이다 최근에.
인스타그램은
페이스북은

mind

표현패턴 1

He is mindful of   his health   all the time.
                    the possible danger
                    the enemy

그는 유념한다   건강을   항상.
          있을 수 있는 위험을
          적에 대해

표현패턴 2

A mind map is a visual representation of   thoughts   in your mind.
                                       ideas
                                       words

마인드맵은 이다 시각적 묘사   생각의   너의 마음 안에 있는.
                          발상의
                          단어의

표현패턴 3

Your mindset determines how you   act.
                                think.
                                treat others.

너의 사고방식은 결정한다 너가 어떻게   행동하는지.
                                생각하는지.
                                다른 사람을 대하는지.

표현패턴 4

The movie reminded me of the   accident.
                              happy memory.
                              sad memory.

그 영화는 상기시켰다 나에게 그   사고를.
                        행복한 기억을.
                        슬픈 기억을.

mini

The minimum   investment   is 10,000 dollars.
             cost
             salary

최소 투자비는   10,000달러이다.
     비용은
     봉급은

The design of the   minibus   fascinated me.
                    minicar
                    minicam

그 디자인은 소형 버스의   매료시켰다 나를.
           소형 자동차의
           소형 카메라

I tried my best to minimize the   cost.
                                  damage.
                                  lost.

나는 최선을 다했다 최소화하기 위해 비용을.
                               피해를.
                               손해를.

The beauty of minimalism is in balance.
                                effectiveness.
                                perception.

아름다움은 단순 예술의 ~에 있다 균형에.
                            효율성에.
                            인식에.

note

표현패턴 1

I found   his performance   noteworthy.
          her achievement
          their scores

나는 생각했다   그의 실적이   주목할만 하다고.
             그녀의 성취가
             그들의 점수가

표현패턴 2

We need to pay attention to the   keynote.
                                  footnote.
                                  denotation.

우리는 필요하다 주의 집중하는 것이 그   주안점에.
                                  각주에.
                                  명시적 의미에.

표현패턴 3

The connotation of the word is very   deep.
                                      profound.
                                      clear.

그 단어의 함축은 아주   깊다.
                    심오하다.
                    명확하다.

표현패턴 4

How much is the   notepad?
                  notebook?
                  keyboard?

얼마에요 그   메모지는?
           공책은?
           키보드는?

out

표현패턴 **1**

I like a guy who is   outgoing.
                         easygoing.
                         reserved.

나는 좋아한다 남자를   외향적인.
                      털털한.
                      과묵한.

표현패턴 **2**

The enemy   outnumbers   us in all aspects.
            outruns
            surpasses

적은   수적으로 우세하다   우리를 모든 면에서.
         넘어선다
         능가한다

표현패턴 **3**

For me, James is the most   outstanding   person in this room.
                              powerful
                              humble

나에게 제임스는 가장   두드러지는   사람이다 이 방에서.
                    강력한
                    겸손한

표현패턴 **4**

I was surprised by the outbreak of the   disease.
                                  flu.
                                  virus.

나는 놀랐다 발생에 의해서   병의.
                    독감의.
                    바이러스의.

over

표현패턴 1

Paul is planning to travel   overseas.
                  to study
                  to send me

폴은 계획하고 있다   여행하는 것을   외국에(서).
                   공부하는 것을
                   나를 보내는 것을

표현패턴 2

You should not oversleep   this time.
                overwork
                overlook

너는 하면 안된다   늦잠 자는 것을   이번에는.
                초과 근무를
                간과하는 것을

표현패턴 3

The teacher overpowered   them at the store.
             overheard
             oversaw

그 선생님은   제압했다   그들을 상점에서.
           엿들었다
           감독했다

표현패턴 4

No one should overlook the idea.
                        the project.
                        the behavior.

아무도 간과해서는 안 된다   그 생각을.
                       그 프로젝트를.
                       그 행동을.

part

표현 패턴 1

Jacob decided to   throw   a party.
                   arrange
                   cancel

제이콥은 결정했다   열기로   파티를.
                 개최하기로
                 취소하기로

표현 패턴 2

At the end, they   came apart.
                   lived apart.
                   drifted apart.

결국에 그들은   산산조각 났다.
             떨어져 살았다.
             사이가 멀어졌다.

표현 패턴 3

How many   people   will participate in the study?
           plants
           animals

얼마나 많은   사람들이   참가할 거죠 그 연구에?
           식물들이
           동물들이

표현 패턴 4

The train is scheduled to   depart at 5 a.m.
                            leave
                            arrive

그 기차는 예정되어 있다 오전 출발하기로   오전 5시에.
                       떠나기로
                       도착하기로

port

Where is the biggest   airport   in the world?
                    shopping center
                    market

어디에 있나요 가장 큰   공항은   세계에서?
                    쇼핑센터는
                    시장은

The company   exported   gasoline in the past.
                imported
                transported

그 회사는   수출했다   휘발유를 과거에.
        수입했다
        수송했다

I think portable   TV   are very useful.
                printer
                recharger

내 생각에 휴대용   텔레비전은   정말 유용하다.
                프린터는
                충전기는

My job is reporting the   progress   of the project.
                        problem
                        performance

나의 일은 보고하는 것이다   진척에 대해   그 프로젝트의.
                        문제에 대해
                        성과에 대해

pose

My friend is in a very important position.
                        high
                        low

내 친구는 있다 아주 중요한 위치에.
                     높은
                     낮은

Why don't you propose the idea?
               oppose
               expose

너는 ~하는 것이 어때 제안하는 것이 그 생각을?
                     반대하는 것이
                     드러내는 것이

The proponents   of the project are understandable.
     opponents
     components

그   지지자들은   프로그램의 이해할 만하다.
     반대자들은
     구성요소들은

It is impossible to suppose he likes me.
                             he is alive.
                             the train is late.

불가능하다 가정하는 것은 그가 나를 좋아한다고.
                        그가 살아있다고.
                        기차가 늦었다고.

script

표현패턴 1

The scriptwriter is writing the manuscript.
                                   postscript.
                                   transcript.

그 시나리오 작가는 쓰고 있다 원고를.
                                   후기를.
                                   기록을.

표현패턴 2

To prevent it, we need to circumscribe power.
                                       freedom.
                                       authority.

막기 위해 그것을, 우리는 필요하다 제한하는 것이 힘을.
                                           자유를.
                                           권위를.

표현패턴 3

If you enjoyed the video,   please subscribe.
                    book,
                    story,

비디오가 즐거우셨다면, 구독해주세요.
책이
이야기가

표현패턴 4

I will inscribe the message   on the rock.
              the code
              the password

나는 새길 것이다 메시지를 바위에.
                 코드를
                 암호를

sense

표현패턴 1

They are sensitive to **cold.**
beauty.
criticism.

그들은 민감하다 추위에.
아름다움에.
비난에.

표현패턴 2

I think this **song** **is too sentimental.**
love story
novel

나는 생각한다 이 노래가   너무 감성적이라고.
사랑 이야기가
소설이

표현패턴 3

The firefighter handled the situation **with sensitivity.**
with delicacy.
with caution.

그 소방관은 다루었다 상황을 민감하게.
세심하게.
조심스럽게.

표현패턴 4

This movie sentimentalizes **city life.**
our kids.
the character.

이 영화는 감상적으로 다룬다 도시의 삶을.
우리 아이들을.
그 캐릭터를.

serve

표현패턴 1

I want to give a gift to the   server.
                                                 servant.
                                                 king.

난 주고 싶다 선물을 그   웨이터에게.
                           하인에게.
                           왕에게.

표현패턴 2

Some people are dedicated to   preserving   environment.
                                             conserving
                                             recovering

어떤 사람들은 헌신한다   보호하는 데   환경을.
                               보존하는 데
                               회복하는 데

표현패턴 3

He   left   her as she was self-serving.
    avoided
    hated

그는   떠났다   그녀를 때문에 그녀가 자기 잇속만 차리기.
     피했다
     싫어했다

표현패턴 4

My research requires me to   reserve a room.
                                observe a class.
                                subserve the purpose.

내 연구는 요구한다 나에게   방 예약하는 것을.
                           수업을 관찰하는 것을.
                           그 목적을 거드는 것을.

sight

표현패턴 1

Thank you so much for your   insight.
                                foresight.
                                advice.

감사합니다 정말 당신의   통찰력에.
                            예지력에.
                            조언에.

표현패턴 2

I am looking for some   sightseeing   places around here.
                             popular
                             uncrowded

저는 찾고 있습니다 몇몇   관광   장소를 근처에 여기.
                         인기있는
                         붐비지 않는

표현패턴 3

Leaders should not be   nearsighted.
                             shortsighted.
                             cowardly.

지도자들은 안 된다   근시안이면.
                       선견지명이 없으면.
                       비겁하면.

표현패턴 4

Let's go to   Spain   to sightsee.
              France
              Hongkong

가자   스페인에   관광하러.
       프랑스에
       홍콩에

sign

The boss assigned me to too many   tasks.
                                       presentations.
                                       exams.

우리 상사는 배정했다 나에게 너무 많은   일을.
                                     발표를.
                                     시험을.

The design of the   room   is fascinating.
                         chair
                         table

디자인은 그   방의   마음을 사로잡는다.
               의자의
               탁자의

The data shows the difference is   significant.
                                   insignificant.
                                   clear.

그 자료는 보여준다 차이가   크다고.
                           크지 않다고.
                           분명하다고.

After 10 years of working at the company, she   resigned.
                                                  was promoted.
                                                  was fired.

10년 후에 회사에서 일한지, 그녀는   사임했다.
                               승진했다.
                               해고당했다.

some

표현패턴 1

Someday, I will come back to you.
Tomorrow,
Next year,

언젠가, 나는 돌아올 것이다 너에게.
내일,
내년에,

표현패턴 2

I saw **someone** stealing your money.
James
Sara

나는 보았다 누군가 훔치는 것을 너의 돈을.
제임스가
사라가

표현패턴 3

I have **something** to eat.
an apple
a dish

나는 갖고 있다 것을 먹을.
사과를
음식을

표현패턴 4

He **sometimes** studies in his father's room.
often
always

그는 가끔씩 공부한다 그의 아버지의 방에서.
자주
항상

some

I want to be alone. They are so   bothersome.

                                  burdensome.

                                  tiresome.

나는 원한다 혼자 있는 것을. 그들은 너무 ~(하)다   성가신.

                                 짐스러운.

                                 귀찮은.

The movie was just   gruesome.

                        awesome.

                        fearsome.

그 영화는 그냥 ~(했)다   소름 끼치는.

                        최고인.

                        무시무시한.

You need to meet   wholesome   people.

                     good

                     considerate

너는 필요하다 만나는 것이   건전한   사람들을.

                             좋은

                             사려 깊은

All of the leaders in the room   are adventuresome.

                                  are handsome.

                                  are meddlesome.

모든 리더들은 방의   모험심 있다.

                  잘 생겼다.

                  참견하기 좋아한다.

step

표현패턴 1

The weird　footstep　scared everyone.
　　　　　　　sound
　　　　　　　voice

그 이상한　발소리는　두렵게 했다 모두를.
　　　　　소리는
　　　　　목소리는

표현패턴 2

They became successful thanks to their　stepfather.
　　　　　　　　　　　　　　　　　　　　stepmother.
　　　　　　　　　　　　　　　　　　　　stepson.

그들은 되었다 성공적으로 덕분에 그들의　의붓아버지.
　　　　　　　　　　　　　　　　　　　의붓어머니.
　　　　　　　　　　　　　　　　　　　의붓아들.

표현패턴 3

The teacher taught the students　how to swim　step by step.
　　　　　　　　　　　　　　　　how to jump
　　　　　　　　　　　　　　　　how to run

그 선생님은 가르쳤다 그 학생들에게　어떻게 수영하는지　차근차근.
　　　　　　　　　　　　　　　　　어떻게 뛰는지
　　　　　　　　　　　　　　　　　어떻게 달리는지

표현패턴 4

Many people try to　sidestep　political issues.
　　　　　　　　　　overlook
　　　　　　　　　　face

많은 사람들은 시도한다　회피하는 것을　정치적인 문제들을.
　　　　　　　　　　　　간과하는 것을
　　　　　　　　　　　　직면하는 것을

super

표현패턴 ❶

I want to be like the   superman.
                         superwoman.
                         superstar.

나는 원한다 ~처럼 되기를   슈퍼맨.
                         슈퍼우먼.
                         슈퍼스타.

표현패턴 ❷

My job is supervising   construction   this year.
                         prisoners
                         children

그의 직업은 감독하는 것이다   건설 공사를   올해.
                               수감자들을
                               아이들을

표현패턴 ❸

The supercomputer has various   functions.
                               components.
                               colors.

그 슈퍼컴퓨터는 있다 다양한   기능이.
                         부품이.
                         색깔이.

표현패턴 ❹

The workers were   amazed   by her superpower.
                    shocked
                    overwhelmed

그 직원들은   놀랐다   그녀의 초능력에 대해서.
              충격 받았다
              압도당했다

text

Texting   is forbidden   in the room.
           is permitted
           is common

문자 주고받기는   금지되어 있다   그 방에서.
             허용되어 있다
             일상적이다

Do not be fooled by the   pretext.
                      subtext.
                      context.

속지 마라 그   핑계에.
          숨은 의미에.
          문맥에.

The textile   products   will prosper in 10 years.
           industry
           company

그 직물   생산은   번영할 것이다 10년 안에.
        산업은
        회사는

Nowadays, books are often   published   as e-texts.
                         made
                         remade

최근에 책은 자주   출판된다   전자 텍스트로.
             만들어진다
             다시 만들어진다

time

표현패턴 ❶

Please submit the assignment on time.
as soon as possible.
before the deadline.

제출해 주십시오 숙제를 제 시간에.
가능한 한 빨리.
마감일 전에.

표현패턴 ❷

I think you work overtime every day.
hard
excessively

나는 생각한다 너가 일한다고 초과근무로 매일.
열심히
지나치게

표현패턴 ❸

The nurse works during the day time.
night time.

그 간호사는 일한다 동안 낮 시간.
밤 시간.

표현패턴 ❹

The person who invented a timer is a genius.
timeline
time machine

사람은 발명한 타이머를 천재이다.
연대표를
타임머신을

touch

Their love story is very   touching.
                                     moving.
                                     exciting.

그들의 사랑 이야기는 매우 ~이다   감동적인.
                                     가슴을 뭉클하게 한.
                                     흥미로운.

Do you think heaven   is touchable?
                               is untouchable?
                               is believable?

당신은 생각합니까 천국을   만질 수 있다고?
                               만질 수 없다고?
                               믿을 수 있다고?

People do not like   touchy   people.
                            annoying
                            selfish

사람들은 좋아하지 않는다   화를 잘 내는   사람들을.
                             짜증을 나게 하는
                             이기적인

I feel like we need to retouch   the picture.
                                       the photograph.
                                       skin.

나는 느낀다 우리가 필요하다고 손질하는 것이   그 그림을.
                                       그 사진을.
                                       피부를.

under

표현패턴 1

How sweet of you to try to understand   me!
                                      her!
                                      him!

너는 정말 상냥하구나 노력하는 것이 이해하려고   나를!
                                          그녀를!
                                          그를!

표현패턴 2

There is a reason why he   underlined   communication.
                          underrated
                          undermined

있다 이유가 왜 그가   강조하는지   의사소통을.
                  과소평가하는지
                  약화시키는지

표현패턴 3

Everyone needs to undergo   failure   to grow.
                           disappointment
                           a change

모두가 필요하다 겪는 것이   실패를   성장하기 위해서는.
                      실망을
                      변화를

표현패턴 4

I think this is   pork   undercooked.
                 beef
                 chicken

나는 생각한다 이   돼지고기가   덜 익었다고.
               소고기가
               닭고기가

up

표현패턴 1

I need to   update   the computer system.
             upgrade
             fix

나는 필요하다   업데이트 하는 것이   컴퓨터 시스템을.
                업그레이드 하는 것이
                고치는 것이

표현패턴 2

It's a trend to upload   our lives   on the Internet.
                         pictures
                         videos

유행이다 올리는 것이   우리 삶을   인터넷에.
                      사진을
                      비디오를

표현패턴 3

We are really looking forward to the upcoming   sale.
                                                event.
                                                election.

우리는 정말 고대한다 다가오는   세일을.
                            이벤트를.
                            선거를.

표현패턴 4

The   bedroom   upstairs is very cozy.
      office
      room

그   침실은   위층에 있는 아주 아늑하다.
    사무실은
    방은

vision

표현 패턴 ❶

Your visa **will be expired** soon.
will be extended
will be sent

당신의 비자는 만기될 것입니다 곧.
연장될 것입니다
보내질 것입니다

표현 패턴 ❷

All you have to do is to **is to envision** the story.
is to revise
is to tell

너가 해야 하는 것은 상상하는 것이야 그 스토리를.
개정하는 것이야
말하는 것이야

표현 패턴 ❸

My mentor advised me on **moving out.**
working out.
shopping online.

나의 멘토는 조언했다 나에게 이사 가는 것에 대해.
운동하는 것에 대해.
온라인 쇼핑하는 것에 대해.

표현 패턴 ❹

The **visual** test ruined my score.
audio
final

그 시각 시험이 망쳤다 내 성적을.
청각
마지막

un

I do not understand why he always look unhappy.
                                          unfriendly.
                                          unnatural.

나는 이해하지 못한다 왜 그가 항상 보이는지 행복하지 않게.
                                           친근하지 않게.
                                           자연스럽지 않게.

He is rejected because he is unsafe.
                               unfair.
                               unpopular.

그는 거절당했다 왜냐하면 그는 불안정해서.
                             공정하지 않아서.
                             유명하지 않아서.

It is very   unfortunate   for you to be here.
              unexpected
              unnecessary

아주 ~(하)다 불행한   너가 여기 있는 것은.
              의외인
              불필요한

Only one person said it is unimportant.
                             relevant.
                             brilliant.

오직 한 사람만 말했다 그것이 중요하지 않다고.
                           관련 없다고.
                           똑똑하다고.

un

표현패턴 1

Why did you uncover the plot   of the group?
                         corruption
                         location

왜 너는 누설했니 음모를   그 단체의?
               부패를
               위치를

표현패턴 2

Unlearning is sometimes more difficult than learning.
                                             forgetting.
                                             not learning.

배운 것을 취소하는 것은 가끔 더 어렵다 ~ 보다 배우는 것.
                                        잊는 것.
                                        안 배우는 것.

표현패턴 3

Please untie the knot   before you come out.
              the ribbon
              the rope

제발 풀어주세요 묶음을   전에 당신이 밖에 나가기.
              리본을
              밧줄을

표현패턴 4

I can't unzip this file.
                    jacket.
                    pocket.

나는 지퍼 여는 것을 할 수 없다 이 파일의.
                            자켓의.
                            주머니의.

in

표현패턴 ❶

Internal problems are the main causes of their fall.
External

내부적인 문제들은 이다 주된 요인 그들의 몰락의.
외부적인

표현패턴 ❷

The story of this movie **includes** 100 characters.
kills
shows

이야기는 이 영화의 포함한다 100명의 캐릭터를.
죽인다
보여준다

표현패턴 ❸

The monsters are **inhabiting** the blue planet.
invading
entering

그 괴물들은 있다 거주하고 그 파란 행성에.
침입하고
들어가고

표현패턴 ❹

I will introduce **myself** to you.
her
him

나는 소개할 것이다 나 자신을 너에게.
그녀를
그를

en

표현패턴 1

Ensure that grading is done by tomorrow.
Don't forget
Remember

확실하게 하십시오   채점이 되는 것을 내일까지.
잊지 마십시오
기억하십시오

표현패턴 2

Why is the government trying to enforce the   law?
regulation?
demand?

왜 그 정부는 노력합니까 강요하려고 그   법을?
규율을?
요구를?

표현패턴 3

The new policy   will endanger   our city.
will enrich
will enlarge

그 새 정책은   위험에 빠뜨릴 것이다   우리 도시를.
풍요롭게 할 것이다
확대할 것이다

표현패턴 4

He insisted on enclosing the   ticket.
coin.
photograph.

그는 고집했다 동봉하는 것을 그   티켓을.
동전을.
사진을.

fore

표현패턴 1

I am grateful for your foresight.
his forefather.
the foreground.

나는 감사한다 너의 통찰력에.
그의 조상에.
그 전경에.

표현패턴 2

Due to the weather forecast, they cancelled the meeting.
postponed
delayed

일기예보 때문에, 그들은 취소했다 그 모임을.
연기했다
지연했다

표현패턴 3

I was not supposed to forerun him.
forejudge
reject

나는 하면 안된다 앞서 달리는 것을 그를.
미리 판단하는 것을
거절하는 것을

표현패턴 4

You can't foresee what will happen next year.
foretell
predict

너는 ~(할) 수 없다 예견할 무엇이 일어날지 내년에.
예언할
예측할

neo

I am impressed by this   neotype.
                         neophyte.
                         neonate.

나는 감명받았다 (~에) 의해서   신기준.
                              초보자.
                              신생아.

I am learning about   neocolonialism   in school.
                      neo-classicism
                      neo-democracy

나는 배우고 있다 ~(에) 대해서   신식민주의   학교에서.
                              신고전주의
                              신민주주의

I think   hangry   is a neologism.
          noob
          swole

나는 생각한다   '배불러 화난다'가   신조어라고.
              '기계치'가
              '근육질'이

This picture describes what   neo-imperialism   is.
                             neorealism
                             modern life

이 사진은 묘사한다 무엇이   신제국주의   인지.
                        신사실주의
                        현대의 삶

para/paro

This is my favorite **parable.**
novel.
book.

이것은 ~ 이다 내가 정말 좋아하는 우화.
소설.
책.

We need to avoid this **parasite.**
animal.
plant.

우리는 필요하다 피하는 것이 이 기생충을.
동물을.
식물을.

This **sentence** can be paraphrased.
comment
idea

이 문장은 될 수 있다 다른 말로 표현.
코멘트는
생각은

Someone is trying to make a parody of **the show.**
the program.
the movie.

누군가 노력하고 있다 ~의 패러디를 그 쇼.
그 프로그램.
그 영화.

syn/sym

표현 패턴 1

I heard the synthetic   drug   is not good for health.
                        fabrics
                        leather

나는 들었다 그 인조   약이   좋지 않다고 건강에.
                     섬유가
                     가죽이

표현 패턴 2

What is the synonym of   happiness?
                         love?
                         peace?

무엇입니까 ~의 동의어가   행복?
                        사랑?
                        평화?

표현 패턴 3

They are increasing the symmetry of the two   groups.
                                              systems.
                                              societies.

그들은 높이고 있다 ~의 대칭을 그 두   단체.
                                    시스템.
                                    사회.

표현 패턴 4

We are going to buy a   synthesizer   for the church.
                        violin
                        guitar

우리는 살 것이다   신디사이저를   그 교회를 위해서.
                 바이올린을
                 기타를

sur

표현패턴 ①

The surface of the   earth   is very hard.
                            moon
                            area

표면은   지구의   아주 딱딱하다.
          달의
          그 지역의

표현패턴 ②

I believe that Jason can survive the   crisis.
                                        wave.
                                        winter.

나는 믿는다 제이슨이 생존할 수 있다고 그   위기에서.
                                       파도에서.
                                       겨울에서.

표현패턴 ③

We can surmount   difficulties.
                    language barriers.
                    obstacles.

우리는 극복할 수 있다   어려움들을.
                      언어 장벽을.
                      장애물들을.

표현패턴 ④

The country will take a   survey.
                            poll.
                            vote.

그 나라는 할 것이다   설문조사를.
                    여론조사를
                    투표를.

inter

Did I interrupt   you by any chance?
      hit
      ignore

내가 방해했는가   너를 혹시?
     쳤는가
     무시했는가

Let him intervene   in your life.
             in the battle.
             in the quarrel.

(~하게) 해라 그를 개입하게   너의 삶에.
                  그 전투에.
                  그 말싸움에.

The two   people   will intersect at some point.
        studies
        careers

그 두   사람은   교차할 것이다 어떤 지점에서.
      연구는
      직종은

The   international   treaty will be broken.
    domestic
    new

그   국제   조약은 깨어질 것이다.
   국내
   새로운

bene

I look forward to the   medical   benefits.
                        life insurance
                        retirement

나는 고대한다 그   의료   혜택을.
                생명보험
                은퇴

He is famous for being   benevolent.
                         strict.
                         thoughtful.

그는 유명하다 (~한) 것으로   자애로운.
                          엄격한.
                          사려깊은.

Thank you so much for your   benevolence.
                             beneficence.
                             benediction.

고맙습니다 정말 당신의   자선에.
                      선행에.
                      축복에.

He can take out the   benign   tumor.
                      malignant

그는 뽑을 수 있다 그   양성   종양을.
                   악성

com/con

표현패턴 ①

Nothing can compare with **his love.**
                              this computer.
                              their promises.

아무것도 비교할 수 없다 그의 사랑과.
                        이 컴퓨터와.
                        그들의 약속과.

표현패턴 ②

You are a genius if you can **comprehend** **it.**
                                 build
                                 solve

너는 천재다 만약에 너가 (~할) 수 있으면 이해할 그것을.
                                        건설할
                                        해결할

표현패턴 ③

No one was able to **confront** **him.**
                        face
                        defeat

아무도 (~할) 수 없었다 직면할 그를.
                       대면할
                       이길

표현패턴 ④

He told me not to **compromise.**
                       give up.
                       cry out.

그는 말했다 나에게 ~ 말라고 타협하지.
                            포기하지.
                            울지.

dis/di

It's time to discard   the weapon.
        to disclose
        to disjoin

시간이다 버릴   그 무기를.
        누설할
        분리할

Your disobedience will cause a discord.
                            a conflict.
                            a failure.

너의 불순종은 야기한다   불화를.
                    갈등을.
                    실패를.

This is a feeling of discomfort.
                    pain.
                    love.

이것은 이다 느낌   불편의.
                고통의.
                사랑의.

How can you disobey   me?
            hate
            blame

어떻게 ~(할) 수 있니 불순종할   너가 나를?
                    미워할
                    나무랄

표현패턴 ❶

The contract expired three years ago.
    agreement
    lease

그 계약은 만료됐다 3년 전에.
   동의는
   임대는

표현패턴 ❷

Everyone was happy except Steven.
               the teacher.
               her.

모두들 행복했다 제외하고 스티브를.
              그 선생님을.
              그녀를.

표현패턴 ❸

The school will exclude the building.
          expand
          expose

그 학교는 ~것이다 제외할 그 건물을.
            확장할
            노출할

표현패턴 ❹

People say that you look exotic.
                normal.
                handsome.

사람들은 말한다 너가 ~ 보인다고 이국적으로.
                        보통으로.
                        잘생겨.

re

표현패턴 1

I am sorry for reacting   late.
                responding
                returning

나는 미안하다 반응해서 늦게.
              대답해서
              돌아와서

표현패턴 2

The school is going to restart the policy.
                                    course.
                                    program.

그 학교는 할 것이다 다시 시작 그 정책을.
                                수업.
                                프로그램을.

표현패턴 3

Please do not reprove the student.
               offend
               scold

제발 ~ 마세요 비난하지 그 학생을.
              모함하지
              꾸짖지

표현패턴 4

You have to revise   the paper before submitting it.
             proofread
             go over

너는 해야 한다 수정   그 글을 전에 제출하기.
              교정
              검토

271

trans

표
현
패
턴
①

The experience   transformed   my brother.
                 transfigured
                 changed

그 경험은 완전히 바꾸었다   너의 남자형제를.
          변모시켰다.
          바꾸었다.

표
현
패
턴
②

You are in charge of transcribing the   meeting.
                                         debate.
                                         conversation.

너는 책임이 있다 기록할 그   모임을.
                            토론을.
                            대화를.

표
현
패
턴
③

Who can translate this document into   Korean.
                                       English.
                                       Spanish.

누가 할 수 있는가 번역 이 서류를   한국어로.
                                  영어로.
                                  스페인어로.

표
현
패
턴
④

This app has a transposing   function.
                transferring
                transporting

이 앱은 갖고 있다 조를 옮기는   기능을.
                  이동하는
                  전송하는

per

How we perceived the world depends on us.
      see
      view

어떻게 우리가 인지하는지는 세상을 달려있다 우리에게.
      보는지는
      바라보는지는

The students are permitted to enter the classroom.
      allowed
      required

그 학생들은 되었다 허가 들어가도록 그 교실에.
      허용
      요구

The perfect solution is proposed by my son.
   permanent
   perplexing

그 완벽한 해결책은 제안되었다 내 아들에 의해서.
  영구적인
  당황스러운

The smell can permeate everything.
   idea
   culture

그 냄새는 스며들 수 있다 모든 것에.
  생각은
  문화는

post

표현패턴 1

The postgame   event is unforgettable.
     postwar
     postseason

그 경기 후의   사건은 잊어버릴 수가 없다.
   전쟁 후의
   시즌 후의

표현패턴 2

The committee will postpone the   departure.
                       landing.
                       payment.

그 위원회는 미룰 것이다   출발을.
                   착륙을.
                   지불을.

표현패턴 3

People's behaviors are influenced by   postmodernism.
                                   ideology.
                                   religion.

사람들의 행동은 영향을 받는다 의해서   포스트모더니즘에.
                           사상에.
                           종교에.

표현패턴 4

Next year, my son is going to be a   professor.
                               postgraduate.
                               undergraduate.

내년에 내 아들은 될 것이다   교수가.
                   대학원생이.
                   학사생이.

pro

표현패턴 1

The team leaders proceeded with the production   on schedule.
repair
work

그 팀 리더들은 진행했다   생산을   예정대로.
수리를
일을

표현패턴 2

The environmental community produces   shoes for free.
promotes
provides

그 환경 공동체는   생산한다   신발을 무료로.
홍보한다
제공한다

표현패턴 3

The family decided to prolong the   meeting.
trip abroad.
stay abroad.

그 가족은 결정했다 연장하기로   미팅을.
외국 여행을.
외국에서 머무는 것을.

표현패턴 4

The prospect of a war is small.
is slight.
is large.

전쟁의 가능성은   작다.
희박하다.
크다.

hyper

표현패턴 1

He avoided the animal as it was   **hyper-tall.**
                                   hyper-sharp.
                                   hyper-fast.

그는 피했다 그 동물을 그것이   지나치게 커서.
                              지나치게 날카로워서.
                              지나치게 빨라서.

표현패턴 2

Susan has a friend who is   **hypercritical.**
                            hyper-active.
                            hypersensitive.

수잔은 있다 친구가   지나치게 비판적인.
                    지나치게 활동적인.
                    지나치게 잠성적인.

표현패턴 3

The hyperlink will lead you to the   **website.**   **right away.**
                                     video.
                                     blog.

그 하이퍼링크는 이끌었다 너를 그   웹사이트로   바로.
                                  비디오로
                                  블로그로

표현패턴 4

The poem often uses   **hyperbole.**
                      repetition.
                      metaphor.

그 시는 자주 사용한다   과장법을.
                      반복을.
                      은유법을.

ment

They are waiting for the payment.
shipment.
movement.

그들은 기다리고 있다   지불을.
운송을.
움직임을.

Their development   made everyone smile.
achievement
management

그들의 발전은   만들었다 모두를 웃게.
성취는
경영은

The advertisement of the book   is inappropriate.
program
movie

그 광고는 책의   부적절하다.
프로그램의
영화의

I think Jack can meet the requirement.
deadline.
condition.

나는 생각한다 잭이 맞출 수 있다고   요구사항을.
마감일을.
조건을.

ly

Everyone needs to stand up   quickly.
slowly.
loudly.

모두들 필요하다 서는 것이   빨리.
느리게.
요란스럽게.

The police is going after the thief   bravely.
eagerly.
reluctantly.

그 경찰은 추적하고 있다 그 도둑을   용감하게.
열정적으로.
주저하면서.

He can   perfectly   pronounce this word.
quietly
fluently

그는 ~수 있다   완벽하게   발음할 이 단어를.
조용하게
유창하게

Generally,   people are not that strong.
Sadly,
Surprisingly,

일반적으로,   사람들은 강하지 않다.
슬프게도,
놀랍게도,

tion/sion

The society needs your decision   right now.
                                  correction
                                  intuition

사회는 필요하다 당신의 결정이   지금 당장.
                                  수정이
                                  통찰력이

The invention   of the company changed the nation.
     division
     rejection

그 발명이   회사의 바꾸었다 그 나라를.
   분열이
   거절이

He noticed that his intention is good.
                                 evil.
                                 moral.

그는 알아차렸다 그의 의도가 좋은 것을.
                                 악한 것을.
                                 도덕적인 것을.

I was happy to hear about the invitation.
                                   introduction.
                                   revolution.

나는 기뻤다 들어서 ~에 대해서 초대.
                                   소개.
                                   혁명.

ee

표현패턴 1

I do not remember the name of the   attendee.
  absentee.
  employee.

나는 기억하지 않는다 이름을   그 참석자의.
  그 결석자의.
  그 직원의.

표현패턴 2

Have you met the   returnee?
  escapee?
  grantee?

당신은 만나보았나요 그   돌아온 사람을?
  탈출한 사람을?
  수여자를?

표현패턴 3

He is the   smartest   among the supervisees.
  most intelligent
  most famous

그는   가장 똑똑하다   그 지도 학생들 중에서.
  가장 총명하다
  가장 유명하다

표현패턴 4

You did not write down the   payee.
  payer.
  date.

너는 쓰지 않았다 그   수취인을.
  납부자를.
  날짜를.

ate

표현패턴 1

The army is about to activate the   weapon.
                                     missile.
                                     program.

그 군대는 직전이다 활동시키기 그   무기를.
                                     미사일을.
                                     프로그램을.

표현패턴 2

The government is trying to regulate   everything.
                            control
                            solve

그 정부는 노력한다   규정하려고   모든 것을.
                    통제하려고
                    해결하려고

표현패턴 3

The mayor's story   intimidated   people in the square.
                    surprised
                    inspired

그 시장의 이야기는   두렵게 했다   모두를 광장에 있는.
                    놀라게 했다
                    고무시켰다

표현패턴 4

Is there anyone who can   validate   this point?
                          prove
                          falsify

사람이 있나요 (~할) 수 있는   입증할   이 점을?
                            증명할
                            반대로 증명할

less

Forget about all these useless   things.
                       hopeless
                       aimless

잊으세요 대해서 그 모든 쓸모없는   것들에.
                        희망없는
                        목적없는

It is caused by some helpless   people.
                      careless
                      fearless

그것은 일어난다 몇몇 무력한   사람들에 의해서.
                      조심성 없는
                      두려움 없는

I was surprised to see the homeless   people here.
                            merciless
                            gigantic

나는 놀랐다 보아서 집이 없는   사람들을 여기서.
                    자비 없는
                    거인 같은

The endless   images   are so beautiful.
              clouds
              waves

그 끝없는 그림은   정말 아름답다.
           구름은
           파도는

(i)fy

표현패턴 **1**

His suggestions can **diversify** our organization.
 simplify
 unify

그의 제안은 (~할) 수 있다 다양하게 할 우리 조직을.
 간소하게 할
 통일하게 할

표현패턴 **2**

First, you need to clarify the situation.
 problem.
 issue.

먼저, 너는 필요가 있다 분명하게 할 그 상황을.
 문제를.
 이슈를.

표현패턴 **3**

What is good about intensifying competition.
 feeling.
 fight.

무엇이 좋은가 (~에) 대해서 강화하는 것에 경쟁을.
 감정을.
 싸움을.

표현패턴 **4**

Classify your movies by genre.
 length.
 language.

분류해라 너의 영화를 장르별로.
 길이별로.
 언어별로.

ize

The countries wanted to   normalize   school education.
                               optimize
                               minimize

그 나라들은 원했다   정상화하는 것을   학교 교육을.
                 최적화하는 것을
                 최소화하는 것을

He is capable of memorizing   100 words   per day.
                             10 sentences
                             1 paragraph

그는 능력이 있다 외울   100개 단어를   하루에.
                 10개 문장을
                 1개 문단을

They do not want to legalize   cloning research.
                            gambling.
                            immoral policies.

그들은 원하지 않는다 합법화하는 것을   복제 연구를.
                        도박을.
                        부도덕한 정책을.

Stop idealizing   the past.
                the future.
                humans.

멈춰라 이상화하는 것을   과거를.
                 미래를.
                 사람을.

ful

표현패턴 ①

How beautiful the waitress is!
     merciful
     faithful

얼마나 아름다운가 그 웨이트리스는!
     자비로운가
     신실한가

표현패턴 ②

For now, every move can be harmful.
     painful.
     injurious.

당분간은, 모든 움직임이 해로울 수 있다.
     아플 수 있다.
     유해할 수 있다

표현패턴 ③

His advice is always very helpful.
     hopeful.
     insightful.

그의 충고는 항상 매우 도움이 된다.
     희망적이다.
     통찰력이 있다.

표현패턴 ④

Be careful of the car.
     nettles.
     people.

조심해라 그 차를.
     쐐기풀을.
     사람들을.

ism

In capitalism, individuals   own capital goods.
               business owners

자본주의에서는, 개인이   자본을 소유한다.
                사업 소유자가

Some people are into conservatism.
                      liberalism.
                      materialism.

어떤 사람들은 흥미가 있다 보수주의에.
                           진보주의에.
                           물질주의에.

Do you know what the problem of humanism   is?
                                 individualism
                                 egoism

너는 아니 무엇이 문제인지 인본주의의?
                          개인주의의?
                          이기주의의?

I am studying Modernism for my homework.
                                course.
                                paper.

나는 공부하고 있다 현대주의를 나의 숙제를 위해서.
                                    수업을 위해서.
                                    글을 위해서.

ist

My father is a famous   artist   in my country.
                        pianist
                        guitarist

나의 아버지는 이다 유명한   예술가   나의 나라에서.
                          피아니스트
                          기타리스트

The medalists got paid every   week.
                               month.
                               year.

그 메달리스트는 지불 받는다 매   주.
                                달.
                                년.

I do not like the philosophy of the   novelist.
                                      linguist.
                                      scientist.

나는 안 좋아한다 철학을 그   소설가의.
                            언어학자의.
                            과학자의.

I respect the   psychologist   for his generosity.
                dentist
                tourist

나는 존중한다 그   심리학자를   그의 관대함 때문에.
                  치과의사를
                  여행자를

er

표현패턴 ❶

The writer can write 100 words per   minute.
                                    hour.
                                    day.

그 작가는 쓸 수 있다 100개의 단어를   분당.
                                   시간당.
                                   일당.

표현패턴 ❷

Everyone shouted to the   runner.
                           singer.
                           soccer player.

모두들 외쳤다 향해서 그   달리는 사람을.
                       가수를.
                       축구 선수를.

표현패턴 ❸

The   producer   is the most famous person in our city.
       manager
       composer

그   생산자는   이다 가장 유명한 사람 우리 도시에서.
   관리자는
   작곡가는

표현패턴 ❹

The workers are happy to work for the   employer.
                                      king.
                                      country.

그 직원들은 행복하다 일해서 위해서 그   고용자를.
                               왕을.
                               나라를.

ity

표현 패턴 ①

What color stands for   unity?
                               purity?
                                harmony?

무슨 색이 나타내는가   통일성을?
                            순수성을?
                            화합을?

표현 패턴 ②

The extinction of   humanity   might not happen.
                     tigers
                     lions

종말은   인류의   일어나지 않을 것이다.
      호랑이의
      사자의

표현 패턴 ③

The buildings will be evaluated by   mobility.
                                         capacity.
                                         security.

그 건물들은 평가될 것이다   이동성으로.
                          수용성으로.
                          안전성으로.

표현 패턴 ④

Reality does not allow us to have the   exclusivity.
                                           power.
                                           money.

현실은 허용하지 않는다 우리가 갖는 것을   독점을.
                                       힘을.
                                       돈을.

ance

Thank you so much for your practical   **assistance.**
                                            professional
                                            personal

고맙습니다 정말 당신의   실질적인   도움에.
                     전문적인
                     개인적인

The importance of tolerance   **is the topic of today's talk.**
                              relevance
                              ignorance

중요성은   관대함의   이다 주제 오늘의 대화의.
                 존중의
                 무시의

Your allowance is unbelievable.
                        a lot.
                        so small.

너의 용돈은   믿을 수 없다.
                많다.
                너무 적다.

How do you care so much about your insurance?
                                                    appearance?
                                                    degrees?

어떻게 너는 신경을 쓰니 그렇게 많이 대해서 너의   보험?
                                                     외모?
                                                    학위?

ence

표현패턴 ❶

He finally said   what he wanted to say with confidence.
           expressed
           showed

그는 마침내 말했다   그가 원하는 것을 말하기 자신감 있게.
            표현했다
            보였다

표현패턴 ❷

In the   presence   of Jason, the case was dismissed.
         absence

있을 때   제이슨이, 그 소송은 기각되었다.
없을 때

표현패턴 ❸

What is the reason for your preference?
                             insistence?
                             adherence?

무엇이니 이유가 너의   선호의?
                     고집의?
                     고수의?

표현패턴 ❹

Everyone was studying   in silence.
                        in dedication.
                        hard.

모두들 공부하고 있었다 조용하게.
                      헌신적으로.
                      열심히.

ship

표현패턴 ❶

Friendship can save your life.
Fellowship
Partnership

우정은 구할 수 있다 너의 삶을.
유대감은
협력은

표현패턴 ❷

Wherever you go, you need to have an ownership.
a leadership.
membership.

어디를 가든지, 너는 필요하다 갖는 것이 소유의식을.
리더십을.
멤버십을.

표현패턴 ❸

Life is all about relationship.
love.
family.

삶은 (~이) 전부다 관계.
사랑.
가족.

표현패턴 ❹

You will be awarded the scholarship by the university.
100 dollars
prize

너는 받을 것이다 그 장학금을 대학에 의해서.
100 달러를
상을

hood

표현패턴 ❶

My   childhood   was very different from now.
neighborhood
boyhood

나의   어린시절은   매우 달랐다 지금과.
이웃 사람들은
소년기는

표현패턴 ❷

The group is formed based on   brotherhood.
sisterhood.
knighthood.

그 단체는 이루어져 있다 기초해서   형제애에.
자매애에.
기사도에.

표현패턴 ❸

There is   a likelihood   that the virus will disappear.
a small chance
a belief

있다   가능성이   그 바이러스가 사라질 것이라는.
작은 가능성이
신념이

표현패턴 ❹

The falsehood will be   disclosed   at the end.
judged
destroyed

그 거짓은 (~할) 것이다   누설될   결국.
심판될
파괴될

logy

표현패턴 1

I will study   zoology   in the future.
              sociology
              archaeology

나는 공부할 것이다   동물학을   미래에.
                사회학을
                고고학을

표현패턴 2

The scientist is an expert in the field of   biology.
                                    physics.
                                    ecology.

그 과학자는 전문가이다 분야에서   생물학.
                           물리학.
                           생태학.

표현패턴 3

Sociology deals with   social structures.
                     social life.
                     social change.

사회학은 다룬다   사회 구조를.
                사회에서의 삶을.
                사회 변화를.

표현패턴 4

It is not easy to memorize   terminology   in English.
                            vocabulary
                            sentences

쉽지 않다 외우는 것은   전문용어를   영어로.
                     단어를
                     문장을

sect

Ants **are considered as insects.**
Butterflies
Bees

개미는　간주된다 곤충으로.
나비는
벌은

We need to **vivisect** **this animal for inspection.**
dissect
bisect

우리는 필요하다　해부하는 것이　이 동물을 검사를 위해서.
절개하는 것이
2등분하는 것이

There are **four** **subsections in this section.**
five
six

있다　4개의　세부 항목이 이 부분에.
5개의
6개의

You may as well **sectionalize** **this report.**
submit
revise

너는 (~하는) 것이 낫다　부분으로 나누는　이 보고서를.
제출하는
교정하는

295

diction

표현패턴 1

He is very good at dictation.
                      soccer.
                      baseball.

그는 아주 잘한다 받아쓰기를
                    축구를.
                    야구를.

표현패턴 2

This dictionary has one thousand words in it.
                    one million
                    one billion

이 사전에는 있다 1천개의   단어가 안에.
                 1백만개의
                 10억개의

표현패턴 3

The future of our lives is predictable.
                          unpredictable.
                          unknown.

미래는 우리 삶의 예측 가능하다.
                  예측 가능하지 않다.
                  알 수 없다.

표현패턴 4

He is addicted to cookies.
                 computer games.
                 chocolate.

그는 중독됐다 과자에.
               컴퓨터 게임에.
               초콜릿에.

(s)pen

표현 패턴 ❶

Everyone in the world   **depends on**   **someone.**
                                   talks to
                                   listen to

모든 사람은 세상의   의지한다   누군가에게.
                            말한다
                            듣는다

표현 패턴 ❷

Sometimes, people need to be   **dependent.**
                                      independent.
                                      generous.

가끔, 사람들은 필요하다   의존하는 것이.
                            독립적인 것이.
                            관대한 것이.

표현 패턴 ❸

They are trying to reduce expenditure on   **education.**
                                           gifts.
                                           eating out.

그들은 노력하고 있다 줄이려고 비용을   교육.
                                   선물.
                                   외식.

표현 패턴 ❹

At the end, the   **store**   **was suspended.**
                    student
                    employee

결국, 그   상점은   정지/정학/정직당했다.
           학생은
           직원은

cling

표현패턴 1

The patient was sent to the   hospital   again.
                              clinic
                              emergency room

그 환자는 보내졌다   병원으로   다시.
                    진료소로
                    응급실로

표현패턴 2

No worries. This is for a clinical   research.
                                     experiment.
                                     training.

걱정 마세요. 이것은 위한 것 입니다 임상   연구를.
                                        실험을.
                                        훈련을.

표현패턴 3

Parents are often inclined to   trust   their kids.
                                protect
                                side with

부모님은 자주 쪽으로 기운다   신뢰하는   그들의 자녀를.
                            보호하는
                            편들어주는

표현패턴 4

Every country   declines   at the end.
                falls
                changes

모든 나라는   쇠퇴한다   결국.
             무너진다
             변한다

struct

표현 패턴 1

The professor   instructed   me to rewrite the paper.
            told
            required

그 교수는 지시했다 나에게 다시 쓰라고 그 글을.
        말했다
        요구했다

표현 패턴 2

The robot is made to destruct   the city.
            to construct
            to save

그 로봇은 만들어진다 파괴하기 위해   도시를.
           건설하기 위해
           구하기 위해

표현 패턴 3

The   building   is always under construction.
    school
    museum

그   건물은   ~ 이다 항상 건설 중.
  학교는
  박물관은

표현 패턴 4

Constructive   ideas are always welcomed.
New
Creative

건설적인   생각은 항상 환영이다.
새로운
창의로운

duce/duct

The CEO said she will produce   the product.
                       reproduce
                       introduce

그 CEO는 말했다 그녀가 생산할 것이라고   그 제품을.
                       재생산할 것이라고
                       소개할 것이라고

It will take 10 years to conduct the research.
                                      survey.
                                      investigation.

걸릴 것이다 10년이 하는데 그 연구를.
                          설문조사를.
                          조사를.

He is very good at deducing conclusions.
                             unknown truths.
                             origins

그는 매우 잘한다 추론하는 것을 결과를.
                            알려지지 않은 진실을.
                            유래를.

How come she is reducing the price?
                              score?
                              daily intake?

어떻게 그녀가 줄일 수 있나 가격을?
                         점수를?
                         매일 섭취량을?

rupt

People say that   Mt. Baekdu   will erupt soon.
                      Mt. Halla
                      his anger

사람들은 말한다   백두산이   폭발할 것이라고 곧.
               한라산이
               그의 화가

His   interruption   ruined everything.
     intervention
       disruption

그의   난입은   망쳤다 모든 것을.
      간섭은
      방해는

It is unfortunate to go   bankrupt.
                     crazy.
                     extinct.

불행이다   파산하는 것은.
         미치는 것은.
         멸종하는 것은.

The requirement was too   abrupt   to meet.
                           difficult
                           unrealistic

그 요구는 너무 (~한) 것이었다   갑작스러운   만족시키기에는.
                               어려운
                               비현실적인

mit

표현패턴 1

The emission of greenhouse gas is destroying our world.
                harmful gas
                carbon dioxide

~의 방출은 온실가스   파괴하고 있다 우리 세상을.
            해로운 가스
            이산화탄소

표현패턴 2

I was taught not to omit the preposition here.
                              objects
                              verb

나는 배웠다 생략하지 않을 것을 전치사를   여기에.
                              목적어를
                              동사를

표현패턴 3

Your tuition fee   will be remitted this year.
      fine
      membership fee

너의 학비는   면제될 것이다 올해.
      벌금은
      회원비는

표현패턴 4

He admits   that she committed the crime.
    believes
    doubts

그는 받아들인다   그녀가 범죄를 저질렀다는 것을.
      믿는다
      의심한다

jet

표현패턴 ❶

The project will give   hope   to so many people.
                        value
                        love

그 계획은 줄 것이다   희망을   수많은 사람들에게.
                      가치를
                      사랑을

표현패턴 ❷

Can you tell me what your favorite   subject   is?
                                     color
                                     food

말해줄 수 있니 나에게 무엇인지 너가 정말 좋아하는   과목이?
                                                색깔이?
                                                음식이?

표현패턴 ❸

I can't believe you   rejected   the boy.
                      dejected
                      ejected

믿을 수 없어 네가   거절하다니   그 소년을.
                   낙담시키다니
                   쫓아내다니

표현패턴 ❹

Of course, it is a pure   conjecture.
                          luck.
                          fiction.

물론, 이것은 ~이다 완전한   추측.
                          운.
                          허구.

motor

The scene was played   in slow motion.
**   in fast motion.**

그 장면은 재생 되었다   느린 동작으로.
                       빠른 동작으로.

The teacher motivated his students to   have a dream.
**   have a vision.**
**   have a goal.**

그 선생님은 동기부여했다 그의 학생들을   꿈을 가지라고.
                                        비전을 가지라고.
                                        목표를 가지라고.

The international students will   move in   next month.
**   move out**
**   graduate**

그 국제학생은   이사 올 것이다   다음 달에.
               이사 갈 것이다
               졸업할 것이다

My favorite movie is *Die Hard.*
**   *Avengers.***
**   *Justice League.***

내가 가장 좋아하는 영화는 이다   다이하드.
                                어벤져스.
                                저스티스리그.

roll

표현패턴 1

His role in this project is organizing meetings.
    managing videos.
    promoting products.

그의 역할은 이 프로젝트에서 ~이다 회의를 조직하는 것.
    비디오를 관리하는 것.
    제품을 생산하는 것.

표현패턴 2

Thankfully, God   is in control of the situation.
    the king
    the leader

감사하게도 신은   통제하고 있다 그 상황을.
    왕은
    지도자는

표현패턴 3

They are willing to clean the room in rotation.
    teach English
    watch TV

그들은 의지가 있다 방을 치울   교대로.
    영어를 가르칠
    TV를 볼

표현패턴 4

I like him because he is rotund.
    brilliant.
    honest.

나는 좋아한다 그를 왜냐하면 그는 둥실둥실하기 때문에.
    뛰어나기 때문에.
    정직하기 때문에.

test

표현패턴 **1**

The purpose of the group is to testify   against the boss.
                                          in court on Monday.
                                          to love.

그 그룹의 목적은 증언하는 것이다   그 상사에 대항해서.
                                  월요일에 법정에서.
                                  사랑을.

표현패턴 **2**

The leader of the group called the   attestor.
                                     contestant.
                                     victim.

그 그룹의 리더는 불렀다   증언자를.
                        참가자를.
                        희생자를.

표현패턴 **3**

His testimony made everyone in the room   cry.
                                          weep.
                                          happy.

그의 증언은 만들었다 모두를 방에 있는   울게.
                                      눈물 흘리게.
                                      행복하게.

표현패턴 **4**

My friends' parents   detest   this computer game.
                      hate
                      dislike

내 친구들의 부모님들은   싫어하신다   이 컴퓨터 게임을.
                        질색하신다
                        경멸하신다

verse

표현패턴 ①

The student   monopolized   the conversation.
                enjoyed
                got into

그 학생은   독점했다   그 대화를.
          즐겼다
          끼어들었다

표현패턴 ②

They put an advertisement in the   newspaper.
                                  YouTube Channel.
                                  blog.

그들은 낸다 광고를 ~에   뉴스.
                    유튜브 채널.
                    블로그.

표현패턴 ③

Do you know how   universe   was created?
                   nature
                   air

당신은 압니까 어떻게   우주가   창조되었는지?
                      자연이
                      공기가

표현패턴 ④

The situation   was reversed thanks to the policy.
The economic decline
The linguistic crisis

그 상황은   반전되었다 덕분에 그 정책.
그 경제 쇠퇴는
그 언어적 위기는

volume

The voluble spokesman   answered all questions at the hall.
         patient
         professor

그 입담 좋은 대변인은 대답했다 모든 질문을 홀에서.
         환자는
         교수는

Parents are involved in the education   of their children.
                  health
                  morality

부모들은 관여하고 있다 교육에   그들의 자식의.
               건강에
               도덕성에

I am tracing   the evolution of the plant.
  am studying
  am looking at

나는 추적하고 있다   진화를 그 식물의.
    공부하고 있다
    보고 있다

The Fourth Industrial Revolution brought many changes.
American Civil War
American Revolution

4차 산업 혁명은   불러왔다 많은 변화를.
미국 남북 전쟁은
미국 독립 혁명은